Gustave Le Bon

Psychologie der Massen

Gustave Le Bon

Psychologie der Massen

Impressum:
© 2017 Maria Weber (Hrsg.)
Übersetzung: Dr. Rudolf Eisler, 1922.
Herstellung und Verlag: BoD-Books on Demand, Norderstedt.
ISBN: 978-3-743-17668-3

Vorwort.

Meine frühere Arbeit [1] war der Schilderung der Rassenseele gewidmet. Nunmehr wollen wir die Massenseele studieren.

Der Inbegriff der gemeinsamen Merkmale, welche allen Mitgliedern einer Rasse durch Vererbung zuteil wurden, macht die Seele dieser Rasse aus. Es zeigt sich aber, daß, wenn eine gewisse Anzahl dieser Individuen sich massenweise zum Handeln vereinigt, aus dieser Vereinigung als solcher gewisse neue psychologische Eigentümlichkeiten sich ergeben, die zu den Rassenmerkmalen hinzukommen und sich von ihnen zuweilen erheblich unterscheiden.

Zu allen Zeiten haben die organisierten Massen eine wichtige Rolle im Völkerleben gespielt, niemals aber in so hohem Maße wie heutzutage. Die an die Stelle der bewußten Tätigkeit der Individuen tretende unbewußte Massenwirksamkeit bildet ein wesentliches Kennzeichen der Gegenwart.

Ich habe versucht, das schwierige Problem der Massen in streng wissenschaftlicher Weise zu bearbeiten, also methodisch und unbekümmert um Meinungen, Theorien und Doktrinen. Nur so, glaube ich, kommt man zur Auffindung von Wahrheitselementen, besonders wenn es sich, wie hier, um eine die Geister lebhaft erregende Frage handelt. Der um die Festlegung eines Phänomens bekümmerte Forscher hat sich um die Interessen, die durch seine Feststellungen berührt werden können, nicht zu sorgen. Ein ausgezeichneter Denker, Goblet d'Alviela, hat in einer seiner Schriften bemerkt, ich gehörte keiner zeitgenössischen Richtung an und geriete zuweilen in Gegensatz zu gewissen Folgerungen aller dieser Schulen. Hoffentlich verdient die vorliegende Arbeit das gleiche Urteil. Zu einer Schule gehören heißt, deren Vorurteile und Standpunkte annehmen müssen.

Ich muß jedoch dem Leser erklären, warum er mich aus meinen Studien wird Schlüsse ziehen finden, die von denen abweichen, welche auf den ersten Anblick daraus resultieren, indem ich z. B. den außerordentlichen geistigen Tiefstand der Massen konstatiere und dabei doch behaupte, es sei ungeachtet dieses Tiefstandes gefährlich, die Organisation der Massen anzutasten.

Eine aufmerksame Beobachtung der geschichtlichen Tatsachen hat mir nämlich stets gezeigt, daß, da die sozialen Organismen ebenso kompliziert sind wie die anderen Organismen, es ganz und gar nicht in unserer Macht steht, sie in jäher Weise tiefgehenden Umwandlungen zu unterwerfen. Zuweilen ist die Natur radikal, aber nicht so, wie wir es verstehen; daher gibt es nichts Traurigeres für ein Volk als die Manie der großen Reformen, so vortrefflich diese Reformen theoretisch erscheinen können. Nützlich wären sie nur dann, wenn es möglich wäre, die Volksseelen plötzlich zu ändern. Die Zeit allein hat diese Macht. Die Menschen werden von Ideen, Gefühlen und Gewohnheiten geleitet, von Dingen, die in uns selbst sind. Die Institutionen und Gesetze sind die Offenbarung unserer Seele, der Ausdruck ihrer Bedürfnisse. Von dieser Seele ausgehend, können Institutionen und Gesetze sie nicht ändern.

Das Studium der sozialen Erscheinungen läßt sich nicht von dem der Völker, bei denen sie sich vollzogen haben, trennen. Philosophisch betrachtet, können diese Erscheinungen einen absoluten Wert haben, praktisch aber sind sie nur von relativem Wert.

Man muß demnach bei dem Studium einer sozialen Erscheinung dasselbe Ding nacheinander von zwei sehr verschiedenen Gesichtspunkten aus betrachten. Wir sehen also, daß die Unterweisungen der reinen sehr oft denen der praktischen Vernunft entgegengesetzt sind. Es gibt keine Tatsachen, auch nicht auf physischem Gebiete, worauf diese Unterscheidung sich nicht anwenden ließe. Vom Gesichtspunkte der absoluten Wahrheit aus sind ein Würfel, ein Kreis unveränderliche geometrische Figuren, welche mittels bestimmter Formeln streng definiert werden. für den Gesichtssinn können diese geometrischen Gestalten sehr mannigfache Formen annehmen. Die Perspektive kann in Wirklichkeit den Würfel in eine Pyramide oder in ein Quadrat, den Kreis in eine Ellipse oder Gerade verwandeln. Und diese fiktiven Formen sind von viel größerer Bedeutung als die realen Formen, denn sie sind die einzigen, welche wir sehen und welche photographisch oder zeichnerisch sich reproduzieren lassen. Das Irreale ist in gewissen Fällen wahrer als das Reale. Es hieße, die Natur deformieren und unkenntlich machen, wollte man die Dinge in ihren exakt geometrischen Formen vorstellen. In einer Welt, deren Bewohner die Dinge nur, ohne sie berühren zu können, abzubilden oder zu photographieren vermochten, würde man nur sehr schwer zu einer exakten Vorstellung ihrer Form gelangen, und die Kenntnis dieser Form, die nur einer geringen Anzahl von Gelehrten zugänglich wäre, würde nur ein sehr schwaches Interesse erwecken.

Der Philosoph, der die sozialen Erscheinungen studiert, muß sich vor Augen halten, daß dieselben neben ihrem theoretischen auch einen praktischen Wert haben und daß der letztere vom Gesichtspunkte der Kulturentwicklung der einzig bedeutsame ist. Dies muß ihn gegenüber den Folgerungen, welche die Logik ihm zunächst darzubieten scheint, sehr auf der Hut sein lassen.

Zu solcher Reserve veranlassen ihn noch andere Beweggründe. Die Kompliziertheit der sozialen Tatsachen ist eine solche, daß man sie nicht in ihrer Gesamtheit umfassen und die Wirkungen ihrer wechselseitigen Beeinflussung voraussagen kann. Auch scheinen sich hinter den sichtbaren Tatsachen oft tausende unsichtbare Ursachen zu verbergen. Die sichtbaren sozialen Tatsachen scheinen die Resultate einer riesigen unbewußten Wirksamkeit zu sein, die nur zu oft unserer Analyse unzugänglich ist. Die wahrnehmbaren Phänomene lassen sich den Wogen vergleichen, welche der Oberfläche des Ozeans die unterirdischen Erschütterungen mitteilen, deren Sitz er ist und die wir nicht kennen. In der Mehrzahl ihrer Handlungen bekunden die Massen zumeist eine absonderlich niedrige Geistigkeit; aber in anderen Handlungen scheinen sie von jenen geheimnisvollen Kräften geleitet, welche die Alten Schicksal, Natur, Vorsehung hießen, die wir die Stimmen der Toten nennen und deren Macht wir nicht verkennen können, so unbekannt uns auch ihr Wesen ist. Oft scheint es, als ob im Schoße der Völker latente Kräfte stecken, die sie leiten. Was gibt es z. B. Komplizierteres, Logischeres, Wunderbareres als eine Sprache? Und woher anders entspringt dennoch dieses so wohl organisierte und subtile Ding als aus der unbewußten Massenseele? Die gelehrtesten Akademien registrieren nur die Gesetze dieser Sprachen, konnten sie aber nicht schaffen. Selbst die genialen Ideen der großen Männer — wissen wir sicher, ob sie ausschließlich deren Werk sind? Gewiß sind sie stets Produkte einzelner Geister, aber die tausenden Körnchen, welche den Boden zur Keimung dieser Ideen bilden, hat nicht die Massenseele sie erzeugt?

Ohne Zweifel wirken die Massen stets unbewußt, aber dieses Unbewußte selbst ist vielleicht eines der Geheimnisse ihrer Kraft. In der Natur vollbringen die nur aus Instinkt tätigen Wesen Handlungen, deren wunderbare Kompliziertheit uns staunen läßt. Die Vernunft ist für die Menschheit noch zu neu und unvollkommen, um uns die Gesetze des Unbewußten zu enthüllen und besonders, um dieses zu ersetzen. In allen unseren Handlungen ist der Anteil des Unbewußten ungeheuer, der der Vernunft sehr klein. Das Unbewußte wirkt wie eine noch unbekannte Kraft.

Wollen wir uns also in den engen, aber sicheren Grenzen der wissenschaftlich erkennbaren Dinge halten und nicht auf dem Felde vager Vermutungen und nichtiger Hypothesen umherirren, dann müssen wir einfach die uns zugänglichen Phänomene feststellen und uns damit begnügen. Jede aus unseren Beobachtungen gezogene Folgerung ist meist vorzeitig; denn hinter den wahrgenommenen Erscheinungen gibt es solche, die wir schlecht sehen, und vielleicht hinter den letzteren noch andere, die wir überhaupt nicht gewahren.

Inhaltsverzeichnis.

Einleitung.
Die Ära der Massen 20

Entwicklung des gegenwärtigen Zeitalters. — Die großen Kulturwandlungen sind die Folge des Wechsels im Denken der Völker. — Der Glaube der Jetztzeit an die Macht der Massen. — Er verändert die traditionelle Politik der Staaten. — Wie das Emporkommen der Volksmassen sich vollzieht und wie sie ihre Macht ausüben. — Die Syndikate. — Notwendige Folgen der Macht der Massen. — Sie haben nur eine zerstörerische Gewalt. — Durch sie vollendet sich die Auflösung der alt gewordenen Kulturen. — Allgemeine Unkenntnis der Massenpsychologie. — Wichtigkeit des Studiums der Massen für Gesetzgeber und Staatsmänner.

Erstes Buch.
Die Massenseele.

1. Kapitel.
Allgemeine Charakteristik der Massen. — Das psychologische Gesetz ihrer seelischen Einheit. . . 28

Das Charakteristische einer Masse in psychologischer Hinsicht. — Ein zahlreicher Haufen von Individuen bildet noch keine Masse. — Eigentümlichkeiten der psychologischen Massen. — Feste Orientierung der Gedanken und Gefühle bei den Elementen der Masse und Erlöschen ihrer Persönlichkeit. — Die Masse wird stets durch das Unbewußte beherrscht. — Schwinden des Gehirnlebens und

Vorherrschaft des Rückenmarklebens. — Verminderung der Intelligenz und völlige Umwandlung der Gefühle. — Die umgewandelten Gefühle können besser oder schlechter als die der Individuen sein, aus denen die Masse besteht — Die Masse wird ebenso heroisch als verbrecherisch.

2. Kapitel.
Gefühle und Moral der Massen . . . **39**

§ 1. Impulsivität, Wandelbarkeit und Erregbarkeit der Massen. — Die Masse ist der Spielball aller äußeren Reize, deren unaufhörliche Schwankungen sie widerspiegelt. — Die Impulse, denen sie gehorcht, sind so stark, daß das persönliche Interesse schwindet. — Bei den Massen gibt es keinen Vorbedacht. — Wirksamkeit der Rasse. — § 2. Suggestibilität und Leichtgläubigkeit der Massen. — Ihre Empfänglichkeit für Suggestionen. — Die in ihrem Geiste hervorgerufenen Bilder werden als Wirklichkeiten angesehen. — Warum diese Bilder für alle die Masse zusammensetzenden Individuen gleichartig sind. — Egalisierung des Gelehrten und Einfältigen in der Masse. — Verschiedene Beispiele von Illusionen, denen alle Individuen einer Masse unterliegen. — Die Einmütigkeit zahlreicher Zeugen ist einer der schlechtesten Beweise, den man zur Erhärtung einer Tatsache beibringen kann. — Geringer Wert der Geschichtswerke. —
§ 3. Überschwang und Simplismus der Gefühle der Massen: — Die Massen kennen weder Zweifel noch Ungewißheit und neigen stets zum Extremen. — Ihre Gefühle sind stets überschwenglich. — § 4. Intoleranz, Autoritarismus und Konservatismus der Massen. — Ursache dieser Gefühle. — Servilität der Massen gegenüber einer starken Autorität. — Die mo-

mentanen revolutionären Triebe der Massen verhindern nicht deren Konservatismus. — Sie sind instinktiv Feinde der Veränderung und des Fortschritts. — § 5. Sittlichkeit der Massen. — Sie kann, je nach den Suggestionen, viel niedriger oder viel höher als die der Einzelindividuen sein. — Erklärung und Beispiele. Die Massen werden selten durch das die Individuen ausschließlich leitende Interesse beherrscht. — Versittlichende Wirkung der Massen.

3. Kapitel.
Ideen, Urteils- und Einbildungskraft der Massen. . . **62**

§ 1. Die Ideen der Massen. — Fundamental und untergeordnete Ideen. — Wie entgegengesetzte Ideen nebeneinander bestehen können. — Umwandlungen, welche die höheren Ideen erfahren müssen, um den Massen zugänglich zu werden. — Die soziale Bedeutung der Ideen ist von dem in ihnen enthaltenen Wahrheitsgehalt unabhängig. –
§ 2. Die Schlüsse der Massen. — Die Massen sind durch Schlußfolgerungen zu beeinflussen. — Die Schlüsse der Massen sind stets sehr untergeordneter Art. — Die von ihnen assoziierten Vorstellungen haben nur Spuren der Analogie oder der Sukzession. — § 3. Die Einbildungskraft der Massen. — Macht der Massenphantasie. — Sie denken in Bildern, die ohne Band einander folgen. — Auf die Massen macht besonders das Wunderbare der Dinge Eindruck. — Das Wunderbare und das Sagenhafte sind die wahren Pfeiler der Kulturen. — Die Volksphantasie war stets die Basis der Macht der Staatsmänner. — Wie die Tatsachen auf die Massenphantasie Eindruck zu machen vermögen.

4. Kapitel.
Religiöse Formen, die alle Überzeugungen der Massen annehmen **73**

Was das religiöse Gefühl konstituiert. — Es ist unabhängig von Gottesverehrung. — Seine Merkmale. — Macht der in religiöser Form auftretenden Überzeugungen. — Beispiele dafür. — Die Volksgötter sind nie verschwunden. — Neue Formen ihrer Wiederkunft. — Religiöse Formen des Atheismus. — Bedeutung dieser Begriffe in historischer Hinsicht. — Die Reformation, die Bartholomäusnacht, die Schreckenstage und ähnliche Ereignisse sind die Folge der religiösen Gefühle der Massen, nicht des Willens isolierter Individuen.

Zweites Buch.
Die Anschauungen und Überzeugungen der Massen.

1. Kapitel.
Mittelbare Faktoren der Überzeugungen und Anschauungen der Massen. **79**

Vorbereitende Faktoren der Massenüberzeugungen. — Das Auftreten der Massenüberzeugungen ist die Folge einer vorangehenden Verarbeitung. — Untersuchung der verschiedenen Faktoren dieser Überzeugungen. — § 1. Die Rasse. — Ihr mächtiger Einfluß. — Sie stellt die Suggestionen der Vorfahren dar. — § 2. Die Traditionen. — Sie sind die Synthese der Rassenseele. — Soziale Bedeutung der Traditionen. — Wodurch sie, nachdem sie notwendig gewesen, schädlich werden. — Die Massen sind die zähesten

Bewahrer der überkommenen Ideen. — § 3. Die Zeit. Sie bereitet allmählich die Befestigung, dann die Zerstörung der Überzeugungen vor. — Sie führt zum Aufblühen der Ordnung aus dem Chaos. — § 4. Die politischen und sozialen Institutionen. — Falsche Vorstellung von ihrer Rolle. — Ihr Einfluß ist überaus gering. — Sie sind Wirkungen, nicht Ursachen. — Die Völker könnten nicht die ihnen am besten erscheinenden Institutionen aussuchen. — Sie sind Etiketten, die unter derselben Aufschrift die verschiedensten Dinge decken. — Wie die Verfassungen entstehen können. — Notwendigkeit gewisser theoretisch schlechter Institutionen, wie die Zentralisation, für gewisse Völker. — § 5. Erziehung und Unterricht. — Falschheit der herrschenden Anschauungen betreffs des Einflusses des Unterrichts auf die Massen. — Statistische Nachweise. — Entsittlichende Wirkung der klassischen Bildung. — Die Rolle, welche der Unterricht spielen könnte. — Beispiele, verschiedenen Völkern entnommen.

2. Kapitel.
Unmittelbare Faktoren der Anschauungen der Massen. . **98**

§ 1. Bilder, Worte und Formeln. — Magische Gewalt der Worte und Formeln. — Die Macht der Worte knüpft sich an die durch sie hervorgerufenen Bilder und ist von ihrem wahren Sinne unabhängig. — Diese Bilder wechseln mit jedem Zeitalter und mit jeder Rasse. — Abnutzung der Wörter. — Beispiele für die erheblichen Bedeutungswandlungen einiger sehr gebräuchlicher Wörter. — Politische Nützlichkeit, alte Dinge mit neuen Namen zu taufen, wenn die früheren Ausdrücke auf die Massen einen üblen

Eindruck machten. — Bedeutungswandel der Wörter bei verschiedenen Rassen. — Verschiedener Sinn des Ausdrucks „Demokratie" in Europa und in Amerika. — § 2. Die Illusionen. — Ihre Wichtigkeit. — Sie finden sich an der Basis jeder Kultur. — Soziale Notwendigkeit der Illusionen. — Die Massen ziehen sie stets den Wahrheiten vor. — § 3. Die Erfahrung. — Sie allein kann in der Massenseele notwendig gewordene Wahrheiten befestigen und gefährlich gewordene Illusionen zerstören. — Die Erfahrung wirkt nur bei häufiger Wiederholung. — Was die zur Überzeugung der Massen nötigen Erfahrungen kosten. — § 4. Die Vernunft. — Nichtigkeit ihres Einflusses auf die Massen. — Man wirkt auf diese nur durch Beeinflussung ihrer unbewußten Gefühle. — Rolle der Logik in der Geschichte. — Die verborgenen Ursachen der unwahrscheinlichen Ereignisse.

3. Kapitel.
Die Führer der Massen und ihre Überzeugungsmittel . .111

§ 1. Die Massenführer. — Instinktives Bedürfnis aller Massen, einem Führer zu gehorchen. — Psychologie der Führer. — Nur sie können Vertrauen erwecken und die Massen organisieren. — Notwendiger Despotismus der Führer. — Klassifikation der Führer. — Rolle des Willens. — § 2. Die Überzeugungsmittel der Führer. — Die Behauptung, die Wiederholung, die Übertragung. — Rolle dieser Faktoren. — Wie die Ansteckung von den niederen zu den höheren Gesellschaftsschichten aufsteigen kann. — Eine populäre Anschauung wird bald eine allgemeine Anschauung. — § 3. Das Prestige. — Definition und Klassifikation des Prestige. — Erworbenes und persönliches Prestige. — Beispiele. — Verlust des Prestige.

4. Kapitel.
Grenzen der Variabilität der Überzeugungen und Anschauungen der Massen. **132**

§ 1. Die festen Überzeugungen. — Unveränderlichkeit gewisser Gesamtüberzeugungen. — Sie sind die Leiter der Zivilisationen. — Schwierigkeit ihrer Ausrottung. — Inwiefern die Intoleranz bei den Völkern eine Tugend bedeutet. — Die philosophische Absurdität einer Gesamtüberzeugung schadet ihrer Ausbreitung nicht. — § 2. Die wechselnden Anschauungen der Massen. — Äußerste Wandelbarkeit der nicht aus allgemeinen Überzeugungen entsprießenden Anschauungen. — Scheinbare Wandlungen der Ideen und Überzeugungen innerhalb kaum eines Jahrhunderts. — Grenzen dieser Wandlungen. — Elemente, auf welche die Variation sich erstreckt. — Das gegenwärtige Schwinden der allgemeinen Überzeugungen und die allseitige Verbreitung der Presse machen die Ansichten der Gegenwart immer wandelbarer. — Wie die Anschauungen der Massen betreffs der meisten Gegenstände zur Indifferenz neigen. — Unfähigkeit der Regierungen, wie früher die Anschauungen zu leiten. — Die Zerbröckelung der Anschauungen verhindert deren Tyrannei.

Drittes Buch.
Klassifikation und Beschreibung der verschiedenen Arten von Massen.

1. Kapitel.
Klassifikation der Massen **145**

Allgemeine Einteilung der Massen. — Klassifikation derselben. — § 1. Die heterogenen Massen. — Ihre Differenzierung. — Rasseneinfluß. — Die Massenseele ist in dem Grade schwächer, als die Rassenseele stärker ist. — Die Rassenseele stellt den Kulturzustand, die Massenseele den Zustand der Barbarei dar. — § 2. Die homogenen Massen. — Einteilung. — Sekten, Kasten, Klassen.

2. Kapitel.
Die sogenannten kriminellen Massen. . . **149**

Die sogenannten kriminellen Massen. — Eine Masse kann nicht psychologisch, nur juridisch kriminell sein. — Völlige Unbewußtheit der Massenhandlungen. — Beispiele. — Psychologie der Septembermänner. — Ihre Urteile, ihre Empfindsamkeit, Grausamkeit, Sittlichkeit.

3. Kapitel.
Die Geschworenen bei den Assisengerichten . . . **154**

Die Geschworenen der Assisengerichte. — Allgemeine Eigenschaften der Geschworenen. — Die Statistik zeigt, daß ihre Entscheidungen von ihrer Zusammensetzung unabhängig sind. — Wie auf die Geschworenen Eindruck gemacht wird. — Geringe Wirkung der Logik. — Überredungsweisen berühmter Advokaten. — Natur der Verbrechen, welche die Geschworenen milde oder streng beurteilen. — Nutzen der Geschworeneninstitution und große Gefahr ihres Ersatzes durch Richter.

4. Kapitel.
Die Wählermassen. **161**

Allgemeine Eigenschaften der Wählermassen. — Wie man sie überzeugt. — Eigenschaften, die der Kandidat haben muß. — Notwendigkeit des Prestige. — Warum Arbeiter und Bauern so selten ihre Kandidaten aus ihrer Mitte entnehmen. — Macht der Worte und Formeln über den Wähler. — Allgemeines Bild der Wahldiskussionen. — Wie die Anschauungen des Wählers sich bilden. — Macht der Komitees. — Sie stellen die schrecklichste Art der Tyrannei dar. — Die Revolutionsausschüsse. — Trotz seines geringen psychologischen Wertes ist das allgemeine Stimmrecht unersetzlich. — Warum die Abstimmungen dieselben bleiben würden, auch wenn das Stimmrecht auf eine bestimmte Bürgerklasse beschränkt wäre. — Was das allgemeine Stimmrecht in allen Ländern zum Ausdruck bringt.

5. Kapitel.
Die Parlamentsversammlungen . . **171**

Die parlamentarischen Massen weisen die meisten der nicht anonymen heterogenen Massen gemeinsamen Eigenschaften auf. — Simplismus der Anschauungen. — Suggestibilität und Grenzen derselben. — Feste, unverrückbare und flüchtige Meinungen. — Warum die Unentschiedenheit vorherrscht. — Rolle der Führer. — Ursache ihres Prestige. — Sie sind die wahren Leiter einer Versammlung, deren Stimmen so nur die einer kleinen Minderheit sind. — Absolute Macht, die sie ausüben. — Die Elemente ihrer Rhetorik. — Worte und Bilder. — Psychologische Notwendigkeit, daß die Führer allgemein überzeugt und beschränkt sind. — Unmöglichkeit, daß der Führer ohne Prestige seine Gründe durchsetzt. — Überschwang der guten und bösen Gefühle in den Versammlungen. — Der Automatismus, bei dem sie in gewissen Momenten anlangen. — Die Sitzungen des Konvents. — Fall, wo eine Versammlung die Masseneigenschaften verliert. — Einfluß der Fachleute auf die technischen Fragen. — Vorteile und Gefahren des parlamentarischen Regimes in allen Staaten. — Es gehört zu den Bedürfnissen der Gegenwart, führt aber zu finanzieller Verschwendung und progressiven Freiheitsbeschränkungen. — Ergebnis.

Einleitung.
Die Ära der Massen.

Die großen Erschütterungen, welche, wie der Fall des Römischen Reiches und die Begründung der Araber-Herrschaft, den Kulturveränderungen vorangehen, scheinen auf den ersten Anblick besonders durch bedeutsame politische Veränderungen bestimmt zu sein: durch Völkerinvasionen oder durch den Sturz von Dynastien. Eine genauere Untersuchung dieser Ereignisse zeigt aber, daß sich zumeist hinter deren scheinbaren Ursachen als wirkliche Ursache eine tiefgehende Modifikation in den Ideen der Völker findet. Nicht jene, die uns durch ihre Größe und Heftigkeit verwundern, sind die wahren historischen Erschütterungen. Die einzigen Veränderungen von Bedeutung — jene, aus welchen die Erneuerung der Kulturen entspringt — vollziehen sich auf dem Gebiete der Ideen, der Gedanken und Überzeugungen. Die bemerkenswerten Ereignisse der Geschichte sind die sichtbaren Wirkungen der unsichtbaren Veränderungen des menschlichen Denkens. Wenn diese großen Ereignisse so selten stattfinden, so hat das seinen Grund darin, daß es nichts Stabileres in einer Rasse gibt, als das Erbgut ihrer Gedanken.

Das gegenwärtige Zeitalter bedeutet einen jener kritischen Momente, in denen das menschliche Denken im Begriffe ist, sich umzubilden.

Dieser Umwandlung liegen zwei Hauptfaktoren zugrunde: Erstens die Zerstörung der religiösen, politischen und sozialen Überzeugungen, aus denen alle Elemente unserer Zivilisation entspringen. Zweitens die Schaffung völlig neuer Existenz- und Denkbedingungen infolge der neuen Entdeckungen der Wissenschaft und der Industrie.

Da die Ideen der Vergangenheit, obwohl halb zerstört, noch sehr mächtig, und die Ideen, die sie ersetzen sollen, erst in der Bildung begriffen sind, so stellt die Gegenwart eine Periode des Überganges und der Anarchie dar.

Was aus dieser notwendig etwas chaotischen Periode einmal entspringen wird, ist nicht leicht zu sagen. Auf welchen Grundideen werden sich die künftigen Gesellschaften aufbauen? Wir wissen es noch nicht. Schon jetzt aber sehen wir, daß sie bei ihrer Organisation mit einer neuen Macht, der jüngsten Herrscherin der Gegenwart, zu rechnen haben werden: mit der Macht der Massen. Auf den Ruinen so vieler einst für wahr gehaltener und jetzt toter Ideen, so vieler Mächte, die durch Revolutionen nach und nach gebrochen worden sind, hat diese Macht allein sich erhoben und scheint bald die anderen absorbieren zu wollen. Wahrend alle unsere alten Anschauungen schwanken und verschwinden und die alten Gesellschaftsstützen eine nach der anderen einstürzen, ist die Macht der Massen die einzige Kraft, die durch nichts bedroht wird und deren Ansehen nur wächst. Das Zeitalter, in das wir eintreten, wird in Wahrheit die Ära der Massen sein.

Vor kaum einem Säkulum bestanden die Hauptfaktoren der Ereignisse in der traditionellen Politik der Staaten und in den Rivalitäten der Fürsten. Die Meinung der Massen zählte wenig oder meist gar nicht. Heute zählen die politischen Traditionen, die individuellen Bestrebungen der Herrscher und deren Rivalitäten nichts mehr, wahrend im Gegenteil die Volksstimme das Übergewicht erlangt hat. Sie diktiert den Königen ihr Verhalten, und sie ist es, was diese zu vernehmen streben. Nicht mehr in den Fürstenberatungen, sondern in den Seelen der Massen bereiten sich die Völkerschicksale vor.

Der Eintritt der Volksklassen in das politische Leben, d. h. in Wahrheit ihre progressive Umwandlung zu leitenden Klassen, ist eines der hervorstechendsten Kennzeichen der Übergangszeit. Dieser Eintritt wurde nicht durch das allgemeine Stimmrecht, das lange Zeit so wenig einflußreich und anfangs so leicht zu lenken war, markiert. Die progressive Geburt der Massenmacht entstand zuerst durch die Verbreitung gewisser Ideen, die langsam von den Geistern Besitz ergriffen, sodann durch die allmähliche Assoziation der Individuen zur Verwirklichung der theoretischen Anschauungen. Die Assoziation ist es, wodurch die Massen sich, wenn auch nicht sehr richtige, so doch wenigstens sehr bestimmte Ideen von ihren Interessen gebildet und das Bewußtsein ihrer Kraft erlangt haben. Sie gründen Syndikate, vor welchen der Reihe nach alle Machtfaktoren kapitulieren, Arbeitsbörsen, die allen Wirtschaftsgesetzen zum Trotz die Bedingungen der Arbeit und des Lohnes zu regeln suchen. Sie entsenden in die Parlamente Abgeordnete, denen alle Initiative, alle Unabhängigkeit fehlt und die oft nur die Wortführer der Ausschüsse sind, von denen sie gewählt wurden.

Heute werden die Ansprüche der Massen immer deutlicher und laufen auf nichts Geringeres hinaus, als auf den gänzlichen Umsturz der gegenwärtigen Gesellschaft, um sie jenem primitiven Kommunismus zuzuführen, der vor dem Beginn der Zivilisation der normale Zustand aller menschlichen Gruppen war. Begrenzung der Arbeitszeit, Expropriation der Minen, Eisenbahnen, Fabriken und des

Bodens, gleiche Verteilung aller Produkte, Ausmerzung aller oberen Klassen zugunsten der Volksklassen usw. — Das sind diese Ansprüche.

Die Massen sind für das Raisonnieren wenig, desto mehr aber für das Handeln geeignet. Durch ihre Organisation ist ihre Kraft ins Ungeheure gestiegen. Die Dogmen, die wir auftauchen sehen, werden bald die Macht der alten Dogmen besitzen, d. h. die tyrannische und herrische Kraft, welche sich aller Diskussion entzieht. Das göttliche Recht der Massen wird das göttliche Recht der Könige ersetzen.

Die Lieblingsschriftsteller unserer jetzigen Bourgeoisie, jene, welche am besten deren ein wenig beschränkte Ideen, deren etwas kurzsichtige Ansichten, deren etwas summarischen Skeptizismus und oft exzessiven Egoismus darstellen, geraten völlig vor der neuen Macht, die sie heranwachsen sehen, in Verwirrung und richten, um die Verwirrung der Geister zu bekämpfen, einen verzweifelten Appell an die sittlichen Kräfte der Kirche, die sie einst so gering schätzten. Sie sprechen vom Bankrott der Wissenschaft und erinnern uns, als reuige Büßer aus Rom kommend, an die Lehren der geoffenbarten Wahrheiten. Aber diese Neubekehrten vergessen, daß es zu spät ist. Hat die Gnade sie wirklich berührt, so hat sie doch nicht die gleiche Macht über die Seelen, die sich um die Besorgnisse, welche diese neuen Frommen quälen, nicht bekümmern. Die Massen wollen heute nicht die Götter, welche jene selbst gestern nicht mochten und zu deren Falle sie beigetragen haben. Es liegt nicht in der Macht der Götter oder der Menschen, die Flüsse zu ihren Quellen zurückfließen zu lassen.

Die Wissenschaft hat mitnichten Bankrott gemacht und hat nichts mit der gegenwärtigen Anarchie der Geister oder mit der neuen Macht, die in deren Schoße emporwächst, zu tun. Sie hat uns die Wahrheit oder wenigstens die Erkenntnis der unserer Intelligenz zugänglichen Beziehungen verheißen, nie aber Frieden und Glück. Mit souveräner Gleichgültigkeit gegenüber unseren Gefühlen, hört sie nicht unsere Klagen. An uns ist es, mit ihr zu leben und zu suchen, da nichts die Illusionen wiederbringen kann, die sie verjagt hat.

Allgemeine Symptome, die bei allen Nationen ersichtlich sind, zeigen uns das rapide Anwachsen der Macht der Massen und verbieten uns die Annahme, diese Macht werde bald aufhören, zu wachsen. Was sie auch bringen mag, wir werden es ertragen müssen. Alles Gerede dagegen ist nur leerer Wortschwall. gewiß, vielleicht bedeutet das Heraufkommen der Massen eine der letzten Etappen der Zivilisationen des Okzidents, die völlige Rückkehr zu jenen Perioden verworrener Anarchie, die allezeit dem Aufsteigen einer neuen Gesellschaft voranzugehen scheinen. Aber wie wollen wir dies hindern?

Bisher haben diese großen Zerstörungen der zu alten Zivilisationen die offenbare Funktion der Massen ausgemacht. Nicht bloß heutzutage tritt diese Funktion in der Welt auf. Die Geschichte lehrt uns, daß in dem Augenblicke, da die moralischen Kräfte, auf denen eine Zivilisation beruhte, ihre Herrschaft verloren haben, die letzte Auflösung von jenen unbewußten und rohen Massen, welche recht gut als Barbaren gekennzeichnet werden, bewerkstelligt wird. Bisher wurden die Zivilisationen stets nur von einer kleinen intellektuellen Aristokratie geschaffen und geleitet, niemals von den Massen. Die Massen haben nur Kraft zur Zerstörung. Ihre Herrschaft bedeutet stets eine Phase der Barbarei.

Eine Zivilisation setzt feste Regeln, eine Disziplin, den Übergang des Instinktiven zum Vernunftmäßigen, die Voraussicht der Zukunft, einen hohen Kulturgrad voraus — Bedingungen, welchen die sich selbst überlassenen Massen niemals zu entsprechen vermochten. Vermöge ihrer bloß zerstörerischen Macht wirken sie gleich jenen Mikroben, welche die Auflösung der geschwächten Körper oder der Leichen zu Ende führen. Ist das Gebäude einer Zivilisation morsch geworden, so sind es stets die Massen, welche dessen Zusammensturz herbeiführen. Jetzt tritt ihre Hauptfunktion zutage, und die Philosophie der Menge erscheint für einen Augenblick als die einzige Philosophie der Geschichte.

Wird es mit unserer Zivilisation sich ebenso verhalten? Wir können es befürchten, aber noch nicht wissen.

Wie immer es sein mag, wir müssen uns bescheiden, die Herrschaft der Massen zu ertragen, da der Voraussicht bare Elemente allmählich alle Schranken, die jene zurückhalten konnten, umgestürzt haben.

Wir kennen diese Massen, von denen man jetzt so viel spricht, sehr wenig. Die Psychologen von Fach, welche entfernt von ihnen leben, haben sie stets ignoriert und sich mit ihnen dann nur in bezug auf die Verbrechen, zu denen sie fähig sind, beschäftigt. Zweifellos gibt es kriminelle, aber auch tugendhafte, heroische und andere Massen. Die Massenverbrechen bilden nur einen Sonderfall ihrer Psychologie, und wenn man bloß die Verbrechen der Massen studiert, so kennt man deren geistige Beschaffenheit nicht besser als jene eines Individuums, dessen Laster man bloß studiert.

Seien wir aber gerecht: alle Herren der Erde, alle Religions- und Reichsstifter, die Apostel aller Glaubensrichtungen, die hervorragenden Staatsmänner und, in einer bescheideneren Sphäre, die einfachen Häupter kleiner menschlicher Gemeinschaften waren stets unbewußte Psychologen mit einer instinktiven und oft sehr sicheren Kenntnis der Massenseele; weil sie diese gut kannten, wurden sie so leicht die Herren. Napoleon erfaßte wunderbar das Seelenleben der Massen des Landes, das er beherrschte, aber er verkannte oft völlig die Seele der fremden Rassen angehörenden Massen [2], und deshalb unternahm er — in Spanien und in Rußland namentlich — Kriege, in denen seine Macht Stöße erlitt, durch die sie bald niedergehen sollte.

Die Kenntnis der Massenpsychologie ist heute die letzte Zuflucht des Staatsmannes, der nicht etwa sie beherrschen — das ist zu schwierig geworden — , aber wenigstens nicht zu sehr von ihnen beherrscht werden will.

Nur mittels einer Vertiefung der Massenpsychologie versteht man, wie wenig Einfluß Gesetze und Institutionen auf die Massen haben, wie unfähig sie zu Meinungen außer jenen, die ihnen eingeflößt wurden, sind, wie man sie nicht mit Regeln, welche auf rein theoretischer Billigkeit beruhen, sondern nur mittels dessen, was auf sie Eindruck macht und sie verführt, leitet. Will z. B. ein Gesetzgeber eine neue Steuer auflegen, soll er da jene, die theoretisch die gerechteste ist, wählen? Keine Spur. Die ungerechteste kann praktisch für die Massen die beste sein. Ist sie zugleich die unauffälligste und als leichteste erscheinende, dann wird sie auf das leichteste durchgehen. Auf diese Weise wird eine noch so große indirekte Steuer allezeit von der Masse angenommen werden, weil sie, wenn täglich pfennigweise für Konsumartikel entrichtet, die Gewohnheiten nicht hindert und beeinflußt. Man setze an ihre Stelle nur eine den Löhnen oder anderen Einkommen proportionale, auf einmal zu entrichtende Steuer; mag diese theoretisch auch zehnmal weniger hart als die andere sein, so wird sie einstimmige Proteste erregen. An Stelle der Pfennige eines jeden Tages, die man nicht spürt, tritt nämlich eine relativ hohe Geldsumme, welche an dem Zahltage als riesig und folglich sehr eindrucksvoll erscheinen wird. Sie würde als gering nur dann erscheinen, wenn sie Pfennig für Pfennig zur Seite gelegt worden wäre; aber dieses wirtschaftliche Gebaren stellt ein Maß von Voraussicht dar, dessen die Massen unfähig sind.

Dieses Beispiel ist eines der einfachsten, die Richtigkeit desselben ist leicht einzusehen. Einem Psychologen, wie Napoleon es war, ist sie nicht entgangen, aber die Gesetzgeber, welche die Massenseele nicht kennen, werden sie nicht bemerken. Die Erfahrung hat ihnen nicht genug dargetan, daß die Menschen sich niemals nach den Vorschriften der reinen Vernunft verhalten.

Noch viele andere Anwendungen ließen sich von der Massenpsychologie machen. Die Kenntnis derselben wirft das hellste Licht auf eine große Menge historischer und ökonomischer Erscheinungen, die ohne sie völlig unverständlich bleiben. Ich werde Gelegenheit haben, zu zeigen, daß, wenn der hervorragendste moderne Historiker, Taine, die Ereignisse der großen Revolution zuweilen so unvollkommen verstanden hat, dies darin seinen Grund hat, daß er niemals an die Erforschung der Massenseele gedacht hat. Er hat sich bei dem Studium dieser komplizierten

Periode der beschreibenden Methode der Naturwissenschaft bedient; aber unter den Erscheinungen, welche den Gegenstand der Naturforschung bilden, finden sich die seelischen Kräfte nicht. Diese aber sind es eigentlich, welche den wahren Bereich der Geschichte bilden.

Schon im Hinblick auf ihre praktische Seite verdient demnach die Massenpsychologie in Angriff genommen zu werden, aber auch dann, wenn sie nur ein rein theoretisches Interesse darböte. Es ist ebenso interessant, die Triebfedern der menschlichen Handlungen aufzudecken, als ein Mineral oder eine Pflanze zu beschreiben.

Unsere Studie der Massenseele wird nur eine kurze Synthese, eine bloße Zusammenfassung unserer Untersuchungen bieten können. Man darf von ihr nicht mehr als einige anregende Gesichtspunkte verlangen. Andere [3] werden das Gebiet weiter bearbeiten. Heute ist es noch ein jungfräulicher Boden, den wir beackern [4].

**Erstes Buch.
Die Massenseele.**

1. Kapitel.

Allgemeine Charakteristik der Massen. Das psychologische Gesetz ihrer seelischen Einheit.

Im gewöhnlichen Wortsinne bedeutet Masse eine Vereinigung irgendwelcher Individuen von beliebiger Nationalität, beliebigem Berufe und Geschlecht und beliebigem Anlasse der Vereinigung.

Vom psychologischen Gesichtspunkt bedeutet der Ausdruck „Masse" etwas ganz anderes. Unter bestimmten Umständen, und bloß unter diesen, besitzt eine Versammlung von Menschen neue Merkmale, ganz verschieden von denen der diese Gesellschaft bildenden Individuen. Die bewußte Persönlichkeit schwindet, die Gefühle und Gedanken aller Einheiten sind nach derselben Richtung orientiert. Es bildet sich eine Kollektivseele, die wohl transitorischer Art, aber von ganz bestimmtem Charakter ist. Die Gesamtheit ist nun das geworden, was ich mangels eines besseren Ausdrucks als organisierte Masse oder, wenn man lieber will, als psychologische Masse bezeichnen werde. Sie bildet ein einziges Wesen und unterliegt dem Gesetz der seelischen Einheit der Massen (*loi de l'unité mentale des foules*).

Augenscheinlich ist es nicht der Umstand allein, daß viele Individuen sich zufällig zusammenfinden, wodurch sie die Eigenschaften einer organisierten Masse annehmen. Tausend zufällig auf einem öffentlichen Platze vereinigte Individuen ohne bestimmten Zweck bilden keineswegs eine Masse im psychologischen Sinne. Zur Erlangung der speziellen Merkmale dieser gehört der Einfluß gewisser Reize, deren Wesen wir zu bestimmen haben.

Das Schwinden der bewußten Persönlichkeit und die Orientierung der Gefühle und Gedanken nach einer bestimmten Richtung, das die ersten Merkmale der sich organisierenden Masse bildet, erfordert nicht immer die gleichzeitige Anwesenheit mehrerer Individuen an einem einzigen Orte. Tausende getrennte Individuen können in gewissen Momenten unter dem Einflusse gewisser heftiger Gemütsbewegungen, etwa eines großen nationalen Ereignisses, die Merkmale einer psychologischen Masse gewinnen. Es braucht dann nur ein Zufall sie zu vereinigen, damit ihre Handlungen sogleich die spezifischen Merkmale der Massenhandlungen annehmen. In gewissen Momenten kann ein halbes Dutzend Menschen eine psychologische Masse konstituieren, wahrend Hunderte zufällig vereinigter Menschen sie nicht konstituieren können. Andererseits kann ein ganzes Volk ohne sichtbare Zusammenscharung unter dem Einfluß gewisser Faktoren zu einer Masse werden.

Hat sich eine psychologische Masse gebildet, so erwirbt sie provisorische, aber bestimmbare allgemeine Merkmale.
Diesen gesellen sich besondere Merkmale veränderlicher Art hinzu, je nach den Elementen, aus denen die Masse sich zusammensetzt und durch welche deren geistige Struktur modifizierbar ist.

Die psychologischen Massen sind also einer Klassifikation zugänglich, und wir werden, wenn wir zu einer solchen gelangen, sehen, daß heterogene, d. h. aus ungleichartigen Elementen zusammengesetzte Massen, mit den homogenen, d. h. aus mehr oder minder ähnlichen Elementen zusammengesetzte Massen (Sekten, Kasten, Klassen) Merkmale gemein haben und außerdem noch Besonderheiten aufweisen, durch die sie sich voneinander unterscheiden lassen.

Bevor wir uns aber mit den verschiedenen Kategorien der Masse befassen, müssen wir zuerst die allen gemeinsamen Merkmale untersuchen. Wir werden gleich dem Naturforscher vorgehen, der mit der Beschreibung der allgemeinen Merkmale, welche allen Individuen gemein sind, beginnt, bevor er sich mit den besonderen Merkmalen befaßt, welche die Unterscheidung der Gattungen und Arten dieser Familie ermöglichen.

Die genaue Schilderung der Massenseele ist nicht leicht, weil ihre Organisation nicht bloß je nach Rasse und Zusammensetzung der Gesamtheiten, sondern auch je nach der Natur und dem Grade der Anreize, denen diese Gesamtheiten unterliegen, variiert. Aber dieselbe Schwierigkeit besteht für das psychologische Studium jeglicher Individuen. Nur in Romanen sieht man die Individuen mit einem konstanten Charakter durchs Leben gehen. Die Gleichförmigkeit des Milieus allein schafft die sichtbare Gleichartigkeit der Charaktere. Ich habe anderwärts gezeigt, daß alle geistigen Konstitutionen Charaktermöglichkeiten enthalten, die sich bei einem jähen Wechsel des Milieus offenbaren können. So fanden sich unter den wildesten, grausamsten Konventmitgliedern gutmütige Bürger, die unter normalen Verhältnissen friedliche Notare oder ehrsame Beamte gewesen wären. Nach dem Sturm nahmen sie ihren Normalcharakter als friedliche Bürger wieder an. Unter ihnen fand Napoleon seine willigsten Diener.

Da wir hier nicht alle Stufen der Massenbildung studieren können, werden wir sie besonders in der Phase ihrer vollständigen Organisation ins Auge fassen. Wir werden derart sehen, was sie werden können, nicht, was sie immer sind. Diese fortgeschrittene Organisationsphase allein ist es, in der sich auf dem unveränderlichen und vorherrschenden Rassenuntergrunde gewisse neue und besondere Merkmale aufbauen und wo sich die Orientierung aller Gefühle und Gedanken der Gesamtheit nach einer identischen Richtung vollzieht. Hier nun zeigt sich, was ich oben das psychologische Gesetz der seelischen Einheit der Massen genannt habe.

Es gibt unter den psychischen Merkmalen der Massen solche, welche sie mit isolierten Individuen gemein haben können, während andere wieder für sie durchaus spezifisch und nur bei Gesamtheiten anzutreffen sind. Die spezifischen Merkmale wollen wir zunächst studieren, um ihre Bedeutung so recht darzutun.

An einer psychologischen Masse ist das Sonderbarste dies: welcher Art auch die sie zusammensetzenden Individuen sein mögen, wie ähnlich oder unähnlich ihre Lebensweise, Beschäftigung, ihr Charakter oder ihre Intelligenz ist, durch den bloßen Umstand ihrer Umformung zur Masse besitzen sie eine Art Kollektivseele, vermöge deren sie in ganz anderer Weise fühlen, denken und handeln, als jedes von ihnen für sich fühlen, denken und handeln würde. Es gibt Ideen und Gefühle, die nur bei den zu Massen verbundenen Individuen auftreten oder sich in Handlungen umsetzen. Die psychologische Masse ist ein provisorisches Wesen, das aus heterogenen Elementen besteht, die für einen Augenblick sich miteinander verbunden haben, genau so wie die Zellen des Organismus durch ihre Vereinigung ein neues Wesen mit ganz anderen Eigenschaften als denen der einzelnen Zellen bilden.

Im Widerspruche mit einer Anschauung, die sich befremdlicherweise bei einem so scharfsinnigen Philosophen, wie Herbert Spencer es ist, findet, gibt es in dem eine Masse bildenden Aggregat keineswegs eine Summe und einen Durchschnitt der Elemente, sondern eine Kombination und Bildung neuer Elemente, genau so, wie in der Chemie sich bestimmte Elemente, wie z. B. die Basen und

Säuren, bei ihrem Zusammenkommen zur Bildung eines neuen Körpers verbinden, dessen Eigenschaften von denen der Körper, die an seinem Zustandekommen beteiligt waren, völlig verschieden sind.

Leicht ist die Feststellung des Maßes von Verschiedenheit des einer Masse angehörenden vom isolierten Individuum, weniger leicht ist aber die Entdeckung der Ursachen dieser Verschiedenheit.

Um diese Ursachen wenigstens einigermaßen zu finden, muß man sich zunächst der von der modernen Psychologie gemachten Feststellung erinnern, daß nicht bloß im organischen Leben, sondern auch in den intellektuellen Funktionen die unbewußten Phänomene eine überwiegende Rolle spielen. Das bewußte Geistesleben stellt nur einen recht geringen Teil neben dem unbewußten Seelenleben dar. Die feinste Analyse, die schärfste Beobachtung gelangt nur zu einer kleinen Anzahl bewußter Motive des Seelenlebens. Unsere bewußten Akte leiten sich aus einem, besonders durch Vererbungseinflüsse geschaffenen, unbewußten Substrat her. Dieses enthält die zahllosen Ahnenspuren, aus denen sich die Rassenseele konstituiert. Hinter den eingestandenen Motiven unserer Handlungen gibt es zweifellos die geheimen Gründe, die wir nicht eingestehen, hinter diesen aber liegen noch geheimere, die wir nicht einmal kennen. Die Mehrzahl unserer alltäglichen Handlungen ist nur die Wirkung verborgener, uns entgehender Motive.

Es sind vornehmlich die der Rassenseele zugrunde liegenden unbewußten Elemente, wodurch sich alle Individuen dieser Rasse ähneln, und sie, die Produkte der Erziehung, noch mehr aber einer außerordentlichen Erblichkeit, sind es auch, wodurch sie sich unterscheiden. Die an

Intelligenz unähnlichsten Menschen haben äußerst ähnliche Triebe, Leidenschaften und Gefühle. In allem, was Gegenstand des Gefühls ist: Religion, Politik, Moral, Sympathien und Antipathien usw., überragen die ausgezeichnetsten Menschen nur sehr selten das Niveau der gewöhnlichsten Individuen. Zwischen einem großen Mathematiker und seinem Schuster kann intellektuell ein Abgrund klaffen, aber hinsichtlich des Charakters ist der Unterschied sehr oft nichtig oder sehr gering.

Nun sind eben diese allgemeinen Charaktereigenschaften, die vom Unbewußten beherrscht und die der Mehrzahl der normalen Vertreter einer Rasse ziemlich gleichmäßig zukommen, dasjenige, was in den Massen vergemeinschaftlicht wird. In der Kollektivseele verwischen sich die intellektuellen Fähigkeiten und damit auch die Individualität der Individuen. Das Heterogene versinkt im Homogenen, und es überwiegen die unbewußten Qualitäten.

Eben diese Vergemeinschaftlichung der gewöhnlichen Eigenschaften ist es, was uns erklärt, warum die Massen niemals Handlungen, zu welchen eine besondere Intelligenz gehört, werden ausführen können. Die Entscheidungen von allgemeinem Interesse, die von einer Versammlung hervorragender, aber verschiedenartiger Leute getroffen werden, sind jenen, welche eine Versammlung von Dummköpfen treffen würde, nicht merklich überlegen. Sie können in der Tat nur die mittelmäßigen Allerweltsqualitäten vergemeinschaftlichen. Es ist die Dummheit, nicht der Geist, was sich in den Massen akkumuliert. Es hat nicht, wie man so oft wiederholt, die „ganze Welt" mehr Geist als Voltaire, sondern Voltaire hat gewiß mehr Geist als die „ganze Welt", wenn man unter dieser die Massen versteht.

Beschränkte sich aber bei den zur Masse gehörigen Individuen die Vergemeinschaftlichung auf die gewöhnlichen Eigenschaften eines jeden von ihnen, dann gäbe es nur einen Durchschnitt, aber nicht, wie wir sagten, eine Schöpfung neuer Merkmale. Wie kommt es zu diesen neuen Merkmalen? Das haben wir jetzt zu erforschen.

Verschiedene Ursachen haben an dem Auftreten dieser Eigentümlichkeiten der Massen, welche die Individuen nicht besitzen, Anteil. Die erste dieser Ursachen besteht darin, daß das Individuum in der Masse schon durch die Tatsache der Menge ein Gefühl unüberwindlicher Macht erlangt, welches ihm gestattet, Trieben zu frönen, die es für sich allein notwendig gezügelt hätte. Es wird dies nun um so weniger Anlaß haben, als bei der Anonymität und demnach auch Unverantwortlichkeit der Masse das Verantwortlichkeitsgefühl, welches die Individuen stets zurückhält, völlig schwindet.

Eine zweite Ursache, die Ansteckung, trägt ebenso dazu bei, bei den Massen die Äußerung spezieller Merkmale und zugleich deren Richtung zu bewerkstelligen. Die Ansteckung ist ein leicht zu konstatierendes, aber unerklärliches Phänomen, das man den von uns sogleich zu studierenden Phänomenen hypnotischer Art zurechnen muß. In der Masse ist jedes Gefühl, jede Handlung ansteckend, und zwar in so hohem Grade, daß das Individuum sehr leicht sein persönliches Interesse dem Gesamtinteresse opfert. Es ist dies eine seiner Natur durchaus entgegengesetzte Fähigkeit, die der Mensch nur als Massenbestandteil besitzt.

Eine dritte, und zwar die wichtigste Ursache bedingt in den zur Masse vereinigten Individuen besondere Eigenschaften, welche denen des isolierten Individuums völlig entgegengesetzt sind. Ich rede hier von der Suggestibilität, von der die erwähnte Ansteckung übrigens nur eine Wirkung ist.

Zum Verständnis dieser Erscheinung gehört die Vergegenwärtigung gewisser neuer Entdeckungen der Physiologie. Wir wissen jetzt, daß ein Mensch mittels mannigfacher Prozeduren in einen solchen Zustand versetzt werden kann, daß er nach Verlust seiner ganzen bewußten Persönlichkeit allen Suggestionen desjenigen gehorcht, der ihn seines Persönlichkeitsbewußtseins beraubt hat, und daß er die zu seinem Charakter und seinen Gewohnheiten in schärfstem Gegensatz stehenden Handlungen begeht. Nun scheinen sehr sorgfältige Beobachtungen darzutun, daß ein eine Zeitlang im Schoße einer tätigen Masse eingebettetes Individuum in Bälde — durch Ausströmungen, die von ihr ausgehen, oder durch sonst eine unbekannte Ursache — in einem Sonderzustand sich befindet, der sich sehr der Faszination nähert, die den Hypnotisierten unter dem Einflusse des Hypnotisators befällt. Indem das Hirnleben beim Hypnotisierten paralysiert ist, wird dieser der Sklave aller unbewußten Funktionen seines Rückenmarks, die der Hypnotisator nach seinem Belieben lenkt. Die bewußte Persönlichkeit ist völlig geschwunden, Wille und Unterscheidungsvermögen fehlen, alle Gefühle und Gedanken sind nach der durch den Hypnotisator hergestellten Richtung orientiert.

So ungefähr verhält sich auch der Zustand des einer psychologischen Masse angehörenden Individuums. Es ist sich seiner Handlungen nicht mehr bewußt. Wie beim Hypnotisierten können bei ihm, während zugleich gewisse

Fähigkeiten aufgehoben sind, andere auf einen Grad höchster Stärke gebracht werden. Unter dem Einflusse einer Suggestion wird es sich mit einem unwiderstehlichen Triebe an die Ausführung bestimmter Handlungen machen. Und dieses Ungestüm ist bei den Massen noch unwiderstehlicher als bei den Hypnotisierten, weil die für alle Individuen gleiche Suggestion durch Gegenseitigkeit anwächst. Die Individuen, welche in der Masse eine zum Widerstande gegen die Suggestion hinreichend starke Persönlichkeit haben, sind in zu geringer Anzahl vorhanden, um gegen den Strom zu kämpfen. Höchstens können sie vermittels einer anderen Suggestion eine Ablenkung versuchen. So z. B. hat oft ein glücklicher Ausdruck, ein zu rechter Zeit vorgebrachter bildlicher Vergleich die Massen von den blutigsten Taten abgehalten.

Die Hauptmerkmale des in der Masse befindlichen Individuums sind demnach: Schwund der bewußten Persönlichkeit, Vorherrschaft der unbewußten Persönlichkeit, Orientierung der Gefühle und Gedanken in derselben Richtung durch Suggestion und Ansteckung, Tendenz zur unverzüglichen Verwirklichung der suggerierten Ideen. Das Individuum ist nicht mehr es selbst; es ist ein willenloser Automat geworden.

Ferner steigt durch die bloße Zugehörigkeit zu einer organisierten Masse der Mensch mehrere Stufen auf der Leiter der Zivilisation herab. In seiner Vereinzelung war er vielleicht ein gebildetes Individuum, in der Masse ist er ein Barbar, d. h. ein Triebwesen. Er besitzt die Spontaneität, die Heftigkeit, die Wildheit und auch den Enthusiasmus und Heroismus primitiver Wesen. Diesen nähert er sich noch durch die Leichtigkeit, mit der er sich von Worten und

Bildern, die auf jedes einzelne Individuum gänzlich ohne Wirkung waren, beeinflussen und zu Handlungen, die zu seinen entschiedenen Interessen und bekanntesten Gewohnheiten im Widerspruche stehen, verführen läßt. In der Masse gleicht das Individuum einem Sandkorn in einem Haufen anderer, das der Wind ungehindert emporwirbelt.

So sieht man Geschworene Urteile abgeben, die jeder Geschworene als Einzelner mißbilligen würde, Parlamente Gesetze und Maßnahmen annehmen, die jedes Mitglied als Einzelner ablehnen würde. Die Männer des Konvents waren jeder für sich aufgeklärte Bürger mit friedlichen Gewohnheiten. Zur Masse vereinigt, zauderten sie nicht, die grausamsten Vorschläge zu billigen, die offenbar unschuldigsten Individuen aufs Schafott zu schicken und, im Gegensatz zu allen ihren Interessen, auf ihre Unverletzlichkeit zu verzichten und sich selbst zu dezimieren.

Nicht bloß durch seine Handlungen weicht das Mitglied der Masse so stark von sich selbst ab. Schon bevor es jede Unabhängigkeit eingebüßt, haben sich seine Gedanken und Gefühle umgeformt, und zwar so sehr, daß der Geizige zum Verschwender, der Skeptiker zum Gläubigen, der Ehrenhafte zum Verbrecher, der Hasenfuß zum Helden wird. Der Verzicht auf alle seine Privilegien, den in einem Augenblick des Enthusiasmus der Adel in der berühmten Nacht vom 4. August 1789 leistete, wäre sicherlich niemals von dessen Mitgliedern als Einzelnen angenommen worden.

Es ist aus dem Vorstehenden zu schließen, daß die Masse stets dem isolierten Menschen intellektuell untergeordnet ist, hinsichtlich der Gefühle und der durch diese bewirkten Handlungen aber unter Umständen besser oder schlechter sein kann. Es hängt alles von der Art der

Suggestion ab, unter der die Masse steht. Dies haben die Autoren, welche die Massen nur vom kriminologischen Gesichtspunkt aus studiert haben, vollständig verkannt. Zweifellos ist die Masse oft verbrecherisch, oft aber ist sie auch heldenhaft. Die Massen sind es besonders, die man für den Triumph eines Glaubens oder einer Idee in den Tod schickt, die man für Ruhm und Ehre begeistert, die man im Zeitalter der Kreuzzüge fast ohne Brot und Wasser zur Befreiung des göttlichen Grabes oder, wie im Jahre 1793, zur Verteidigung des vaterländischen Bodens fortreißt. Gewiß ein unbewußter Heroismus, aber durch solche Heroismen vollzieht sich die Geschichte. Sollten auf das Aktivkonto der Völker nur die kaltvernünftigen Großtaten geschrieben werden, es würden in den Weltannalen nur ihrer wenige verzeichnet sein.

2. Kapitel.
Gefühlsleben und Sittlichkeit der Massen.

Nach dieser ganz allgemeinen Aufzeigung der Hauptmerkmale der Massen haben wir nun diese Merkmale im einzelnen zu untersuchen.

Wie wir sehen werden, gibt es unter den Sondereigenschaften der Massen solche wie Impulsivität, Reizbarkeit, Unfähigkeit zum logischen Denken, Mangel an Urteil und kritischem Geist, Überschwang der Gefühle und andere, die sich ebenso bei Wesen von niederer Entwicklungshöhe, wie bei Frauen, Wilden, Kindern finden; aber ich streife diese Analogie nur leicht, denn ihre Ausführung würde über den Rahmen dieser Arbeit hinausgehen. Auch wäre sie für die mit der Psychologie der Primitiven Vertrauten unnötig und ohne rechte Überzeugungskraft für jene, die in ihr nicht bewandert sind.

Ich führe nun die verschiedenen Merkmale, die sich bei der Mehrzahl der Massen beobachten lassen, der Reihe nach vor.

§ 1. Impulsivität, Wandelbarkeit und Erregbarkeit der Massen.

Wie wir bei der Untersuchung ihrer fundamentalen Charakterzüge sagten, wird die Masse beinahe ausschließlich vom Unbewußten geleitet. Ihre Handlungen stehen viel öfter unter dem Einfluß des Rückenmarks als unter dem des Gehirns; insofern nähert sie sich den ganz primitiven Wesen. Die vollzogenen Handlungen können ihrer Ausführung nach vollkommen sein, da sie aber nicht vom Gehirn ausgehen, so handelt das Individuum nach zufälligen Reizen. Eine Masse ist der Spielball aller äußeren Reize und reflektiert deren unaufhörlichen Wechsel; sie ist daher eine Sklavin der empfangenen Impulse. Das isolierte Individuum kann ja denselben Reizen wie die Masse unterliegen, da ihm aber sein Gehirn die Unzuträglichkeiten eines Nachgebens zeigt, so gehorcht es ihnen nicht. Physiologisch läßt sich dies dahin ausdrücken, daß das isolierte Individuum die Fähigkeit zur Beherrschung seiner Reflexe besitzt, die Masse aber nicht.

Diese mannigfachen Impulse, denen die Massen gehorchen, können je nach dem Reize edel oder grausam, heroischer oder feiger Art sein, aber stets werden sie so gebieterisch sein, daß nicht das persönliche, ja nicht einmal das Interesse der Selbsterhaltung zur Geltung kommt.

Da die auf eine Masse wirksamen Reize sehr variieren und ihnen die Massen allezeit gehorchen, so sind die letzteren natürlich äußerst wandelbar. Daher sehen wir sie auch im Augenblicke von der blutigsten Grausamkeit zum absolutesten Heldentum oder Edelmut übergehen. Die Masse wird sehr leicht zum Henker, ebenso leicht aber auch zum Märtyrer. Aus ihrem Herzen flossen die Ströme Blutes, die der Sieg jeglichen Glaubens erforderte. Man braucht nicht zu den Heldenzeitaltern zurückzugehen, um zu sehen, wessen in dieser Hinsicht die Massen fähig sind. Sie schonen in einem Aufstande niemals ihr Leben, und erst vor wenigen Jahren hätte ein plötzlich populär gewordener General, wenn er es verlangt hätte, leicht hunderttausend Menschen gefunden, die bereit wären, sich für seine Sache töten zu lassen.

Bei den Massen ist also nichts vorbedacht. Sie können nach und nach die ganze Skala der entgegengesetzten Gefühle durchlaufen, stets aber werden sie unter dem Einfluß der Momentanreize stehen. Sie gleichen den Blättern, die der Sturm emporhebt, nach allen Richtungen verstreut und wieder fallen läßt. Beim Studium gewisser revolutionärer Massen werden wir für die Wandelbarkeit ihrer Gefühle einige Beispiele geben.

Diese Wandelbarkeit der Massen macht, daß sie schwer zu regieren sind, insbesondere wenn ein Teil der öffentlichen Gewalt in ihre Hände gefallen ist. Würden die Erfordernisse des Alltagslebens nicht eine Art unsichtbarer Leitung der Dinge darstellen, dann könnten die Demokratien nicht bestehen. Wenn auch die Massen die Dinge leidenschaftlich begehren, so wollen sie sie doch nicht für lange; sie sind ebenso unfähig zu einem Dauerwillen wie zum Denken.

Die Masse ist nicht bloß impulsiv und wandelbar. Gleich dem Wilden gestattet sie nicht, daß sich etwas zwischen ihr Begehren und die Verwirklichung dieser Begierde einschiebt. Das versteht sie um so weniger, als ihre Menge ihr das Gefühl unwiderstehlicher Macht gewährt. Für das Individuum in der Masse schwindet der Begriff des Unmöglichen. Das isolierte Individuum fühlt wohl, es könne nicht allein einen Palast einäschern, einen Laden plündern, und es wird, wenn der Versuchung ausgesetzt, dieser leicht widerstehen. Als Massenglied aber hat es das Massenbewußtsein der Anzahl, und es genügt die Suggestion der Vorstellungen von Mord und Plünderung, damit es der Versuchung unverzüglich nachgibt. Ein unerwartetes Hindernis wird mit Wut beseitigt. Erlaubte der menschliche Organismus die Ständigkeit der Wut, so konnte man die Wut als den normalen Zustand der gehemmten Masse bezeichnen.

Die Erregbarkeit, Impulsivität und Wandelbarkeit der Massen, sowie das gesamte Gefühlsleben der Völker, mit dem wir es zu tun haben werden, werden stets durch die fundamentalen Rasseneigenschaften modifiziert, welche den festen Boden bilden, in dem alle unsere Gefühle keimen. Alle Massen sind stets reizbar und impulsiv, aber in den mannigfachsten Abstufungen. Der Unterschied zwischen einer lateinischen und einer angelsächsischen Masse z. B. ist auffallend; die jüngsten Ereignisse unserer Geschichte beleuchten dies lebhaft. Es hat im Jahre 1870 die Veröffentlichung eines einfachen Telegramms mit dem Berichte über eine einem Botschafter angeblich zugefügte

Beleidigung genügt, einen Wutausbruch zu entfachen, dem ein furchtbarer Krieg unmittelbar entsprungen ist. Einige Jahre später. erzeugte die telegraphische Anzeige einer unbedeutenden Schlappe bei Langson einen neuen Ausbruch, der den sofortigen Sturz der Regierung herbeiführte. Zu gleicher Zeit erregte die viel schwerere Niederlage einer englischen Expedition bei Khartum in England nur eine sehr schwache Bewegung, und kein Ministerium fiel. Überall sind die Massen weibisch, die weibischsten aber sind die lateinischen Massen.

Wer sich auf sie stützt, kann sehr hoch und sehr schnell steigen, aber in steter Nähe des tarpeischen Felsens und mit der Gewißheit, eines Tages von diesem hinuntergestürzt zu werden.

§ 2. Suggestibilität und Leichtgläubigkeit der Massen.

Gelegentlich der Definition der Masse erwähnten wir als einen ihrer allgemeinen Charakterzüge eine übermäßige Suggestibilität, und wir zeigten, wie ansteckend eine Suggestion in einer Menschenansammlung ist; dadurch erklärt sich die blitzschnelle Ausstrahlung der Gefühle in einer bestimmten Richtung.

So neutral man sich die Masse auch vorstellt, so befindet sie sich doch meist in jenem die Suggestion erleichternden Zustande aufmerksamster Erwartung. Die erste zum Ausdruck kommende Suggestion teilt sich durch Ansteckung allen Gehirnen mit, und allsogleich stellt sich die Orientierung ein. Wie bei allen suggestionierten Wesen hat die Vorstellung, welche das Gehirn eingenommen hat, die Tendenz, in Handlung überzugehen. Ob es sich um die Brandlegung in einem Palaste oder um einen Akt der Hingebung handelt, die Masse ist mit gleicher Leichtigkeit dazu zu haben. Alles hängt von der Art des Anreizes ab, nicht mehr, wie beim isolierten Individuum, von den Beziehungen zwischen der suggerierten Handlung und der Summe von Vernunft, die deren Verwirklichung sich widersetzen kann.

So kann denn die Masse, stets an den Grenzen des Unbewußten umherirrend, allen Suggestionen leicht nachkommend, im Besitze der Gefühlsfestigkeit, die all den Einflüssen der Vernunft nicht zugänglichen Wesen eigen ist, alles kritischen Geistes bar, nur von einer extremen Leichtgläubigkeit sein. Für sie existiert das Unwahrscheinliche nicht. Dies muß man in Erinnerung behalten, um die Leichtigkeit zu begreifen, mit der die unwahrscheinlichsten Legenden und Berichte zustandekommen und sich verbreiten. [5]

Die Entstehung von Legenden, die mit solcher Leichtigkeit in den Massen zirkulieren, ist nicht bloß durch eine vollkommene Leichtgläubigkeit verursacht, sondern auch durch die gewaltigen Entstellungen, welche die Ereignisse in der Phantasie der Menschenansammlungen erfahren. Das einfachste Geschehen wird, von der Masse erblickt, bald zu einem umgeformten Ereignis. Die Masse denkt in Bildern, die nach ihrer Entstehung von selbst eine Reihe anderer Bilder ohne logischen Zusammenhang mit den ersteren auslösen. Diesen Zustand verstehen wir leicht, wenn wir an die sonderbaren Vorstellungsfolgen denken, die in uns zuweilen ein Erlebnis hervorruft. Die Vernunft lehrt uns das Unzusammenhängende dieser Bilder, aber die

Masse bemerkt es nicht; was ihre entstellende Phantasie dem wirklichen Ereignis hinzufügt, wird sie mit diesem vermengen. Die Masse scheidet nicht das Subjektive vom Objektiven; sie betrachtet die in ihrem Bewußtsein auftauchenden Bilder, die sehr oft mit der beobachteten Tatsache nur eine entfernte Ähnlichkeit besitzen, als Wirklichkeiten.

Die Entstellungen, welche eine Masse einem Ereignisse, dessen Zeuge sie ist, zuteil werden läßt, sollten wohl unzähliger und verschiedener Art sein, da die Individuen, welche die Masse zusammensetzen, von sehr verschiedenem Naturell sind. So ist es aber nicht. Infolge der Ansteckung sind die Entstellungen bei allen Individuen von gleicher Art und Richtung. Die erste Entstellung, die ein Glied der Gesamtheit erfaßt hat, ist der Kern der ansteckenden Suggestion. Bevor der heilige Georg auf den Mauern von Jerusalem allen Kreuzfahrern erschien, war er sicher erst nur von einem der Anwesenden bemerkt worden. Vermöge der Suggestion und der Ansteckung wurde das von einem einzigen gemeldete Wunder sofort von allen aufgenommen.

Solcherart ist stets der Mechanismus dieser in der Geschichte so häufigen Kollektivhalluzinationen, die alle klassischen Merkmale der Echtheit zu haben scheinen, da es sich hier um Erscheinungen handelt, welche von Tausenden von Personen konstatiert werden.

Zur Bekämpfung des Vorgebrachten darf man nicht die geistigen Qualitäten der Individuen, aus denen die Masse besteht, ins Treffen führen. Denn diese Qualitäten sind bedeutungslos. In dem Momente, da sie zu einer Masse gehören, werden der Ungebildete und der Gelehrte zur Beobachtung gleichermaßen unfähig.

Diese Behauptung kann paradox erscheinen. Zu ihrer gründlichen Darlegung gehörte die Vorführung einer großen Zahl historischer Tatsachen, und es würden mehrere Bande dazu nicht genügen.

Da ich aber doch den Leser nicht unter dem Eindrucke unbewiesener Behauptungen lassen möchte, so will ich ihm aus der Zahl möglicher Beispiele einige auf gut Glück herausgegriffene vorführen.

Folgender Fall ist einer der typischsten, weil er zu den Kollektivassoziationen gehört, die unter einer aus den verschiedenartigsten, unwissendsten und gebildetsten Individuen bestehenden Masse vorkamen. Er wird so nebenher von dem Schiffsleutnant Julien Felix in seinem Buche über die Meeresströmungen berichtet und ist auch in die „Revue Scientifique" aufgenommen worden,

Die Fregatte „La Belle-Poule" kreuzte zur See, um die Korvette „Le Berceau", von der sie durch einen heftigen Orkan getrennt worden war, wiederzufinden. Es war am hellichten Tage. Plötzlich signalisiert die Wache ein entmastetes Schiff. Die Mannschaft richtet ihre Blicke auf die signalisierte Stelle, und alle, Offiziere wie Matrosen, bemerken deutlich ein mit Menschen beladenes Floß, welches von Booten, auf denen Notflaggen flatterten, bugsiert wurde. Dies war aber nur eine Kollektivhalluzination. Admiral Desfosses ließ ein Boot bemannen, um den Schiffbrüchigen Hilfe zu leisten. Bei der Annäherung sahen die im Boot befindlichen Matrosen und Offiziere „Massen von Menschen sich hin und her bewegen, die Hände ausstrecken, und vernahmen den dumpfen und verworrenen Lärm einer großen Anzahl von Stimmen". Als das Boot angekommen war, stand man vor nichts als vor einigen mit Blättern bedeckten Baumästen, welche von der benachbarten Küste sich losgerissen hatten. Vor einer so greifbaren Evidenz schwindet die Halluzination.

An diesem Beispiele sieht man klar, wie der Mechanismus der Kollektivhalluzination sich in der von uns dargelegten Weise abspielt. Auf der einen Seite eine im Zustande erwartungsvoller Aufmerksamkeit befindliche Masse; auf der andern eine von der Wache, welche ein entmastetes Fahrzeug auf dem Meere signalisiert, ausgehende Suggestion, die durch Ansteckung von allen Anwesenden, Offizieren wie Matrosen, aufgenommen wurde.

Eine Masse braucht, damit die Fähigkeit des richtigen Sehens dessen, was sich vor ihr ereignet, aufgehoben und die wirklichen Tatsachen durch von ihnen abweichende Halluzinationen ersetzt werden, nicht zahlreich zu sein. Die Vereinigung beliebiger Individuen macht eine Masse aus; mögen sie selbst hervorragende Gelehrte sein, so nehmen sie insgesamt in allem, was außerhalb ihres Faches ist, alle Massenmerkmale an. Das Beobachtungsvermögen und der kritische Geist eines jeden von ihnen schwinden sofort. Ein findiger Psychologe, Davey, liefert uns dafür ein recht interessantes Beispiel, welches vor kurzem in den „Annales des Sciences psychiques" mitgeteilt wurde und hier berichtet zu werden verdient. Davey berief eine Versammlung ausgezeichneter Beobachter ein, unter ihnen den hervorragenden englischen Forscher Wallace, und führte ihnen, nachdem er sie die Gegenstände untersuchen und beliebig hatte versiegeln lassen, alle klassischen Phänomene des Spiritismus: Materialisation von Geistern, Schiefertafelschrift usw., vor. Nachdem er hierauf von diesen ausgezeichneten Beobachtern schriftliche Berichte erhalten hatte, in welchen erklärt wurde, die beobachteten Erscheinungen seien nur auf übernatürlichem Wege möglich gewesen, enthüllte er ihnen, daß dieselben das Produkt sehr einfacher Kniffe waren. „Bei diesem Experimente Daveys", schrieb der Verfasser des Berichtes, „ist das Erstaunliche nicht die Bewunderung der Kunststücke als solcher, sondern die außerordentliche Schwäche der Berichte, welche die uneingeweihten Zeugen derselben darüber abgaben. Die Zeugen können zahlreiche und bestimmte, dabei völlig irrige Berichte liefern, deren Ergebnis aber ist, daß, wenn man ihre Schilderungen als exakt ansieht, die geschilderten Erscheinungen durch Betrug nicht zu erklären sind. Die von Davey ersonnenen Methoden waren so einfach, daß man sich über die Kühnheit, mit der er sie anwandte, wundert; er besaß aber eine solche Macht über den Massengeist, daß er diesem das, was er nicht sah, als gesehen aufzudringen vermochte." Es ist dies die Macht des Hypnotisators über den Hypnotisierten. Sieht man aber, wie diese Macht gegenüber ausgewählten Forschern, die vorher zur Vorsicht verhalten waren, zur Geltung kommt, dann begreift man, in welchem Maße die gewöhnlichen Massen sich leicht täuschen lassen.

Analoger Beispiele gibt es Legion. Zur Zeit, da ich diese Zeilen niederschreibe, sind die Zeitungen voll von der Geschichte von zwei kleinen ertrunkenen Mädchen, die aus der Seine gezogen wurden. Diese Kinder wurden zuerst in bestimmtester Weise von einem Dutzend Zeugen agnosziert. Die Angaben waren alle so übereinstimmend, daß dem Untersuchungsrichter nicht der leiseste Zweifel blieb; er ließ den Totenschein ausfertigen. In dem Augenblicke aber, wo man zur Beerdigung sich anschickte, entdeckte man durch Zufall, daß die vermeintlichen Opfer noch völlig am Leben waren und kaum eine entfernte Ähnlichkeit mit den ertrunkenen Kleinen besaßen. Wie in mehreren von den früher angeführten Beispielen hatte die Behauptung des ersten Zeugen, der das Opfer einer Illusion war, zur Suggestionierung der anderen genügt.

In solchen Fällen ist der Ausgangspunkt der Suggestion stets die bei einem Individuum durch mehr oder weniger vage Reminiszenzen erzeugte Illusion, sodann die Ansteckung durch Mitteilung dieser primären Illusion. Ist der erste Beobachter sehr erregbar, so genügt es oft, daß der Leichnam, den er zu erkennen glaubt, abgesehen von aller wirklichen Ähnlichkeit, irgendwelche Besonderheit, etwa eine Narbe oder ein Bekleidungsmerkmal darbietet, wodurch die Vorstellung einer anderen Person ausgelöst werden kann. Diese Vorstellung kann dann zum Kern einer Art Kristallisation werden, welche die Sphäre des Intellekts ergreift und allen kritischen Geist lähmt.
Der Beobachter sieht dann nicht mehr die Sache selbst, sondern das in seiner Seele aufgetauchte Bild. Auf diese Weise erklären sich die irrtümlichen Agnoszierungen von Kinderleichen durch deren eigene Muütter, wie in dem folgenden, schon alten, aber neulich von den Zeitungen aufgefrischten Fall, bei dem man genau die beiden Arten der Suggestion sich abspielen sieht, deren Mechanismus ich soeben aufgezeigt habe.

„Das Kind ward von einem andern Kinde erkannt — das sich irrte. Die Reihe der unrichtigen Agnoszierungen lief nun ab. Und man sah da etwas sehr Merkwürdiges. Am Tage nach der Agnoszierung der Leiche durch einen Schüler schrie eine Frau auf: ‚Ach, es ist mein Kind!' Man führt sie zur Leiche, sie nimmt deren Kleider in Augenschein und konstatiert eine Narbe an der Stirne. ‚Gewiß,' sagt sie, ‚es ist mein armer Sohn, der seit dem letzten Tage des Juli abgängig gewesen. Man wird ihn mir entführt und getötet haben.'

Die Frau war Hausbesorgerin in der *rue du four* und hieß Chavandret. Man ließ ihren Schwager kommen und dieser sagte ohne Zögern: ‚Das ist der kleine Philibert.' Mehrere Bewohner der Straße erkannten in dem Kinde von la Vilette Philibert Chavandret, ganz abgesehen von dessen Schullehrer, für den die Schulmedaille bestimmend war. Nun: Nachbarn, Schwager, Lehrer und Mutter hatten sich geirrt. Sechs Wochen später ward die Identität des Kindes festgestellt. Es war ein Knabe aus Bordeaux, der dort getötet und nach Paris gebracht worden war." [6]

Wie man sieht, finden diese Erkennungen meist bei Frauen und Kindern, also bei den am meisten erregbaren Wesen statt. Sie zeigen zugleich, welch geringen Wert solche Zeugnisse bei Gericht haben können. Besonders Kinderaussagen sollten niemals in Anspruch genommen werden. Die Richter wiederholen als einen Gemeinplatz die Behauptung, dieses Alter lüge nicht. Besäßen sie eine etwas tiefere psychologische Bildung, so wüßten sie, daß ganz im Gegenteil in diesem Alter stets gelogen wird. Gewiß ist hier die Lüge harmlos, sie bleibt aber nichtsdestoweniger eine Lüge. Besser würde die Verurteilung eines Angeklagten, wie so oft geschehen, nach dem Spiele ‚Kopf oder Schrift' als nach dem Zeugnis eines Kindes erfolgen.

Um aber zu den von den Massen gemachten Beobachtungen zurückzukehren, so kommen wir zu dem Schlusse, daß die Kollektivbeobachtungen die verfehltesten sind, die es gibt, und daß sie meist nur die Illusion eines Individuums, die durch Ansteckung die anderen suggestioniert hat, darstellen. Die Tatsachen, welche dartun, daß man gegenüber der Zeugenschaft der Masse das größte Mißtrauen hegen muß, lassen sich ins Unendliche vervielfachen. Tausende von Menschen wohnten der berühmten Kavallerieattacke bei Sedan bei, und doch weiß man angesichts der widersprechendsten Aussagen nicht, von wem sie kommandiert wurde. Der englische General Wolseley hat in einem neuen Buche den Beweis erbracht, daß man bis jetzt betreffs der wichtigsten Ereignisse der Schlacht bei Waterloo, die doch Hunderte von Zeugen beglaubigt hatten, die größten Irrtümer begangen hat. [7]

Tatsachen solcher Art zeigen uns, welchen Wert die Zeugenschaft der Massen hat. Die Lehrbücher der Logik zählen die Übereinstimmung zahlreicher Zeugen zur Kategorie der sichersten Beweise, die man zur Erhärtung einer Tatsache erbringen kann. Aber die Psychologie der Massen lehrt die Verbesserungsbedürftigkeit jener Lehrbücher bezüglich dieses Punktes. Die zweifelhaftesten Ereignisse sind sicherlich diejenigen, welche von der größten Anzahl von Personen beobachtet wurden. Erklären, ein Gegenstand sei von Tausenden von Zeugen zugleich konstatiert worden, heißt zumeist erklären, daß das wirkliche Ereignis von dem empfangenen Berichte erheblich abweicht.

Es folgt aus dem Vorstehenden klipp und klar, daß die Geschichtswerke als reine Phantasiegebilde zu betrachten sind. Es stehen darin phantastische Berichte schlecht beobachteter Ereignisse nebst auf gut Glück vorgebrachten Erklärungen. Gips verschmieren ist nützlicher als die Zeit mit der Abfassung solcher Bücher zu vergeuden. Hätte uns die Vergangenheit nicht ihre Literaturdenkmäler, ihre

Kunst- und Bauwerke hinterlassen, wir wüßten nicht das geringste Wahre von ihr. Kennen wir nur ein einziges wahres Wort betreffs des Lebens der großen Männer, die in der Menschheit eine hervorragende Rolle gespielt haben, wie Herkules, Buddha, Jesus oder Mohammed? Höchstwahrscheinlich nicht. Im Grunde hat übrigens ihr Leben recht wenig Interesse für uns. Was wir kennenlernen wollen, das sind die großen Männer, wie die Volkslegende sie gestaltet hat. Es sind die sagenhaften Heroen, nicht die wirklichen Helden, die auf die Massenseele Eindruck gemacht haben.

Leider sind die Legenden, auch wenn sie in Büchern fixiert sind, nicht von Dauer. Die Phantasie der Massen formt sie je nach den Zeiten und den Rassen um. Vom grausamen Jehova der Bibel bis zum Gott der Liebe der heiligen Therese ist ein großer Schritt, und der in China verehrte Buddha hat mit dem in Indien angebeteten keinerlei Züge mehr gemein.

Es bedarf nicht des Verfließens von Jahrhunderten, damit die Heroenlegende in der Phantasie der Massen sich umbildet; diese Umbildung erfolgt oft innerhalb weniger Jahre. Wir haben in unseren Tagen gesehen, wie die Legende eines der größten Helden der Geschichte sich in weniger als fünfzig Jahren wiederholt verändert hat. Unter den Bourbonen wurde Napoleon zu einer Art menschenfreundlicher und liberaler, idyllischer Persönlichkeit, zu einem Freunde der Niedrigen, die, um mit den Dichtern zu sprechen, sein Andenken in ihrer Hütte für lange Zeit bewahren müßten. Dreißig Jahre später war der gutmütige Held zu einem grausamen Despoten geworden, der, nachdem er Macht und Freiheit usurpiert, drei Millionen

Menschen bloß zur Befriedigung seines Ehrgeizes umkommen ließ. Gegenwärtig wohnen wir einer neuen Umformung der Legende bei. Nach einigen Dutzend Jahrhunderten werden angesichts dieser sich widersprechenden Berichte die künftigen Forscher vielleicht an der Existenz des Helden zweifeln, wie sie vielfach die Existenz Buddhas bezweifeln, und werden dann in ihm nur einen Sonnenmythus oder eine Entwicklung der Herkulessage erblicken. Zweifellos werden sie sich ob dieser Ungewißheit leicht trösten, denn da sie eine bessere psychologische Erkenntnis der Massen als die von heutzutage haben werden, so werden sie wissen, daß die Geschichte nur Mythen zu verewigen vermag.

§ 3. Überschwang und Simplismus der Massengefühle.

Alle von der Masse geäußerten Gefühle, gute und schlechte, haben zwei Eigenschaften: sie sind sehr einfach und sehr überschwenglich. In dieser wie in so vielen anderen Beziehungen nähert sich das der Masse angehörende Individuum den primitiven Wesen. Der Gefühlsnuancen nicht fähig, sieht es die Dinge nur im Großen und kennt nicht die Übergänge. In der Masse wird der Überschwang der Gefühle noch dadurch verstärkt, daß, da ein zur Äußerung gelangtes Gefühl sich durch Suggestion und Ansteckung sehr rasch ausbreitet, die sichtliche Anerkennung, die es erfährt, seine Intensität erheblich steigert.

Die Einfachheit und Überschwenglichkeit der Gefühle der Massen sind der Grund dafür, daß diese weder Zweifel noch Ungewißheit kennen. Sie gehen, gleich den Frommen, sofort bis zum äußersten. Der ausgesprochene Verdacht wird sogleich zu unumstößlicher Gewißheit. Ein Keim von Antipathie oder Mißbilligung, der bei dem isolierten Individuum nicht zur Reife käme, wird beim Massenglied sofort zu wildem Hasse.

Die Heftigkeit der Massengefühle wird, besonders bei den heterogenen Massen, auch durch das Fehlen jeder Verantwortlichkeit gesteigert. Die Sicherheit der Straflosigkeit, die mit der Größe der Masse zunimmt, sowie das Bewußtsein einer durch die Menge bedingten beträchtlichen Momentangewalt ermöglichen der Gesamtheit Gefühle und Handlungen, die für das isolierte Individuum unmöglich sind. In der Masse fehlt den Dummen, Ungebildeten und Neidischen das Gefühl ihrer Nichtigkeit und Ohnmacht; an dessen Stelle tritt das Bewußtsein einer brutalen, zwar vorübergehenden, aber ungeheuren Kraft.

Unglücklicherweise bezieht sich bei den Massen die Übertreibung oft auf schlechte Gefühle, atavistische Rückstände der Instinkte des Urmenschen, die durch die Furcht vor Strafe beim isolierten und verantwortlichen Individuum gezügelt werden. Daher sind die Massen so leicht zu argen Ausschreitungen zu verleiten.

Nicht, als ob die Massen, wenn sie geschickt suggestioniert würden, des Heroismus, der Ergebenheit und sehr hoher Tugenden unfähig wären; sie sind es sogar in höherem Maße als das isolierte Individuum. Wir werden bald Gelegenheit haben, beim Studium der Massenmoral auf diesen Punkt zurückzukommen.

In ihrem Fühlen überschwenglich, wird die Masse nur durch übermäßige Empfindungen erregt. Der Redner, der sie hinreißen will, darf mit starken Ausdrücken Mißbrauch treiben. Übertreiben, bekräftigen, wiederholen und niemals einen logischen Beweis versuchen, ist die den Rednern in Volksversammlungen wohlbekannte Argumentationsweise.

Die gleiche Übertreibung verlangt die Masse von ihren Helden. Die Eigenschaften und Tugenden dieser müssen stets vergrößert werden. Es ist treffend bemerkt worden, daß die Masse im Theater von dem Helden des Dramas einen Mut, eine Sittlichkeit und eine Tugend verlangt, wie sie im Leben niemals vorkommen.

Treffend hat man von der besonderen Optik des Theaters gesprochen. Sie existiert zweifellos, aber ihre Gesetze haben nichts mit dem richtigen Urteil und der Logik zu tun. Die Kunst, zur Masse zu sprechen, ist gewiß untergeordneter Art, erfordert jedoch ganz besondere Fähigkeiten. Bei der Lektüre gewisser Stücke kann man sich oft den Erfolg derselben nicht erklären. Sehr oft sind die Theaterdirektoren, die diese Stücke erhalten, selbst über den Erfolg sehr im Ungewissen, denn um bestimmt urteilen zu können, müßten sie sich in eine Masse verwandeln können. [8] Hier müßten wir auch, wenn wir uns in die Sache vertiefen dürften, den Einfluß der Rasse dartun. Das Drama, das in dem einen Lande die Masse begeistert, hat oft in einem anderen keinen oder nur einen Achtungs- und konventionellen Erfolg, weil es die Hebel nicht spielen läßt, die das neue Publikum zu bewegen vermöchten.

Ich brauche nicht besonders zu betonen, daß die Steigerung bei den Massen nur auf die Gefühle, in keiner Weise aber auf den Intellekt sich erstreckt. Ich zeigte bereits, daß durch die bloße Zugehörigkeit des Individuums zur Masse das intellektuelle Niveau desselben sich sofort beträchtlich senkt; dies hat Tarde in seinen Untersuchungen über die Verbrechen der Massen festgestellt. Nur auf dem

Gebiete des Gefühlslebens also können die Massen sehr hoch steigen oder im Gegenteil sehr heruntersinken.

§ 4. Unduldsamkeit, Autoritätsglauben, Konservatismus der Massen.

Die Massen kennen nur einfache und extreme Gefühle; die ihnen suggerierten Meinungen, Ideen und Glaubenssätze werden daher von ihnen nur *en bloc* angenommen oder verworfen und als absolute Wahrheiten oder ebenso absolute Irrtümer betrachtet. So verhält es sich stets mit den auf dem Wege der Suggestion, nicht durch Nachdenken erworbenen Überzeugungen. Man weiß, wie intolerant die religiösen Dogmen sind und welche despotische Herrschaft sie über die Geister ausüben.

Da die Masse betreffs des Wahren oder Falschen nicht im Zweifel ist und zugleich das klare Bewußtsein ihrer Kraft besitzt, so ist sie ebenso intolerant wie autoritätsgläubig. Das Individuum vermag Widerspruch und Diskussion zu vertragen, niemals aber die Masse. In den öffentlichen Versammlungen wird der leiseste Widerspruch seitens eines Redners sofort mit Wutgeschrei und großen Schmähungen beantwortet, an die sich, wenn der Redner fortfährt, leicht Tätlichkeiten und die Vertreibung des Redners schließen. Ohne die einschüchternde Gegenwart der Sicherheitsbehörde würde man den Opponenten häufig verprügeln.

Autoritätsglauben und Intoleranz sind allen Arten der Masse gemein, weisen aber verschiedene Grade auf. Und hier kommt wieder der Grundbegriff der Rasse, die alles Fühlen und Denken der Menschen beherrscht, zur Geltung. Die Autoritätssucht und Intoleranz sind in besonders hohem

Maße bei den lateinischen Massen ausgebildet, so sehr, daß sie jenes bei den Angelsachsen so mächtige Gefühl der individuellen Unabhängigkeit völlig vernichtet haben. Die lateinischen Massen haben nur Empfindung für die kollektive Unabhängigkeit der Sekte, der sie angehören, und es ist für diese Unabhängigkeit das Bedürfnis charakteristisch, sofort und gewaltsam alle Andersgläubigen ihrem eigenen Glauben zu gewinnen. Bei den lateinischen Völkern konnten sich, von der Inquisition angefangen, die Jakobiner aller Zeiten niemals zu einem anderen Freiheitsbegriff aufschwingen.

Autoritätsglauben und Intoleranz sind für die Massen äußerst klare Empfindungen, die sie leicht erfassen und ebenso leicht annehmen als betätigen, sobald man sie ihnen einflößt. Die Massen respektieren willig die Kraft und werden durch Güte, die für sie nur eine Art von Schwäche bedeutet, nur mäßig beeinflußt. Niemals galten ihre Sympathien den gütigen Herren, sondern den Tyrannen, von denen sie kraftvoll zertreten wurden; ihnen haben sie allezeit die größten Statuen errichtet. Wenn sie den gestürzten Despoten gern mit Füßen treten, so geschieht das deshalb, weil dieser nach Einbüßung seiner Macht in die Kategorie der Schwachen eintritt, die man verachtet, weil man sie nicht fürchtet. Der Typus des von den Massen verehrten Helden wird stets den Cäsarencharakter aufweisen. Sein Helmbusch verführt sie, seine Autorität imponiert ihnen, und sein Schwert schüchtert sie ein.

Stets zur Auflehnung gegen eine schwache Autorität bereit, beugt sich die Masse knechtisch vor einer starken Autorität. Hat die Kraft der Autorität etwas Schwankendes, so geht die, stets ihren extremen Gefühlen folgende Masse abwechselnd von der Anarchie zur Sklaverei, von der Sklaverei zur Anarchie über.

Übrigens würde man die Psychologie der Massen sehr mißverstehen, wollte man an die Vorherrschaft ihrer revolutionären Triebe glauben. Nur ihre Gewalttaten sind es, die uns darüber täuschen. Ihr Drang zu Revolten und Zerstörungstaten halt niemals lange an. Die Massen werden zu sehr vom Unbewußten geleitet und sind demnach dem Einfluß uralter Vererbung zu sehr ausgesetzt, als daß sie nicht äußerst konservativ sein müßten. Sich selbst überlassen, werden sie ihrer Zügellosigkeit bald müde und steuern instinktiv der Knechtschaft zu. Die stolzesten und schroffsten unter den Jakobinern waren es, die Bonaparte, als er die Freiheiten unterdrückte und seine eiserne Hand schwer fühlen ließ, auf das entschiedenste zustimmten.

Die Geschichte, insbesondere die der Revolutionen, ist schwer zu verstehen, wenn man sich über die im Grunde konservativen Instinkte der Massen nicht im Klaren ist. Sie wollen zwar die Namen ihrer Institutionen gern ändern, und zu diesem Zwecke führen sie zuweilen gewaltige Revolutionen durch, aber der Kern dieser Institutionen ist zu sehr der Ausdruck der erblichen Bedürfnisse der Rasse, als daß sie nicht immer wiederkehren mußten. Die unaufhörliche Wandelbarkeit der Massen erstreckt sich nur auf ganz äußerliche Dinge. In Wahrheit besitzen sie ebenso ursprüngliche Instinkte konservativer Art wie alle primitiven Wesen. Ihre fetischistische Ehrfurcht vor der Tradition ist absolut, ihr unbewußter Abscheu vor allen Neuerungen, die ihre realen Lebensbedingungen zu ändern vermochten, wurzelt sehr tief. Hätten die Demokraten die Macht, über die sie heute verfügen, in der Epoche der Erfindung der mechanischen Webstühle, der Dampfmaschine, der Eisenbahnen besessen, so wäre die Realisation dieser Erfindungen unmöglich oder nur auf Kosten zahlreicher Revolutionen und Metzeleien möglich gewesen. Es trifft sich glücklich für den Kulturfortschritt, daß die Macht der Massen erst dann zu blühen begann, als die großen Entdeckungen der Wissenschaft und der Industrie bereits da waren.

§ 5. Sittlichkeit der Massen.

Verstehen wir unter Sittlichkeit die Beachtung gewisser sozialer Konventionen und die beständige Unterdrückung der egoistischen Impulse, dann liegt es auf der Hand, daß die Massen zu impulsiv und wandelbar sind, um der Sittlichkeit fähig zu sein. Befassen wir aber unter den Begriff der Sittlichkeit das momentane Auftreten gewisser Eigenschaften, wie Entsagung, Ergebenheit, Uninteressiertheit, Selbstaufopferung, Rechtsgefühl, dann können wir im Gegenteil sagen: die Massen sind oft eines sehr hohen Maßes von Sittlichkeit fähig.

Die wenigen Psychologen, die sich mit dem Studium der Massen abgegeben haben, betrachten sie nur im Hinblick auf ihre verbrecherischen Handlungen. Und da sie die Häufigkeit dieser Handlungen gewahrten, so betrachten sie die Massen als auf einem sehr niedrigen Sittlichkeitsniveau stehend.

Gewiß ist es oft so. Warum aber? Nur deshalb, weil die Instinkte zerstörerischer Wildheit Überbleibsel der Urzeit sind, die im Innern eines jeden von uns schlummern. Das isolierte Individuum könnte in seinem Leben diese Triebe nur mit Gefahr befriedigen, während seine Absorption durch eine unverantwortliche Masse, die ihm Straflosigkeit sichert, die völlige Freiheit der Triebbefriedigung gewährt. Da wir diese Zerstörungstriebe gewöhnlich nicht gegenüber unseren Mitmenschen betätigen können, so beschränken wir uns auf ihre Betätigung den Tieren gegenüber. Aus derselben Quelle entspringen die so verbreitete Jagdleidenschaft und die Grausamkeitsakte der Massen. Die Masse, welche ein wehrloses Opfer langsam zu Tode quält, bekundet eine sehr feige Grausamkeit. Für den Philosophen aber ist diese Grausamkeit in hohem Maße der der Jäger verwandt, die dutzendweise zusammenkommen, um das Vergnügen des Anblicks zu genießen, wie ihre Hunde einen unglücklichen Hirsch verfolgen und zerreißen.

Wohl ist die Masse zu Mordtaten, Brandstiftungen, zu Verbrechen aller Art fähig, aber ebenso auch zu Akten hoher Hingebung, Aufopferung und Uneigennützigkeit, viel mehr sogar als das isolierte Individuum. Wenn man das Ruhm- und Ehrgefühl, das religiöse und patriotische Gefühl anruft, so wirkt man besonders auf das Individuum als Massenglied. Die Geschichte bietet Beispiele, welche dem der Kreuzzüge und dem der Freiwilligen von 1793 analog sind. Nur die Gesamtheiten sind hoher Uneigennützigkeit und Hingebung fähig. Wie viele Massen haben sich für Überzeugungen, Ideen und Worte, die sie kaum verstanden, heroisch hinschlachten lassen! Die Massen streiken oft mehr, um einer Parole zu gehorchen, als zur Erlangung einer Erhöhung des spärlichen Lohnes, mit dem sie sich begnügen. Während der persönliche Vorteil beim isolierten Individuum so ziemlich die einzige Triebfeder ist, ist er bei den Massen sehr selten vorherrschend. Es ist wahrlich nicht der Eigennutz, was die Massen in so vielen, für ihren

Verstand oft so unbegreiflichen Kriegen leitete, in denen sie sich ebenso leicht niedermetzeln ließen wie die durch den vom Jäger gehandhabten Spiegel hypnotisierten Lerchen.

Selbst ausgemachten Schuften verleiht oft das Zusammensein in der Masse für den Augenblick sehr sittliche Grundsätze. Taine zeigt, daß die Menschenschlächter der Septembertage die Brieftaschen und Schmuckstücke, die sie bei ihren Opfern vorfanden und die sie leicht hätten an sich nehmen können, bei den Ausschüssen niederlegten. Die heulende, elende Volksmasse, die in der Revolution vom Jahre 1848 die Tuilerien besetzte, nahm nichts von den Gegenständen, die sie blendeten und von denen ein jeder das Brot für viele Tage bedeutet hatte.

Diese Versittlichung des Einzelnen durch die Masse ist gewiß keine stete, aber doch eine häufig stattfindende Regel. Selbst in Verhältnissen, die viel weniger ernst als die von mir angeführten sind, ist sie zu konstatieren. Wie ich bereits sagte, verlangt im Theater die Masse vom Helden des Dramas übertrieben hohe Tugenden, und die alltägliche Beobachtung zeigt, daß selbst eine aus niedrigen Elementen bestehende Zuhörerschaft sich allgemein als sehr prüde erweist. Der Lebemann, der Aushälter, der spottsüchtige Gassenjunge murren oft bei einer etwas gewagten Szene oder einer schlüpfrigen Rede, die doch im Vergleiche mit ihren üblichen Unterhaltungen recht harmlos ist.

Frönen also die Massen oft niedrigen Instinkten, so bieten sie oft wieder auch ein Beispiel hochsittlichen Handelns. Sind Uneigennützigkeit, Entsagung, absolute Hingebung an ein utopisches oder lebensvolles Ideal sittliche Tugenden, dann kann man sagen, die Massen besitzen diese Tugenden oft in so hohem Maße, wie es bei den weisesten

Philosophen selten erreicht worden ist. Gewiß üben sie diese Tugenden unbewußt aus, aber das tut nichts. Beklagen wir es nicht zu sehr, daß die Massen wesentlich durch das Unbewußte sich leiten lassen, und raisonnieren wir nicht darüber. Hätten sie zuweilen nachgedacht und ihre augenblicklichen Interessen zu Rate gezogen, dann hätte sich vielleicht keine Zivilisation auf der Oberfläche unseres Planeten entfaltet, und die Menschheit wäre ohne Geschichte geblieben.

3. Kapitel.
Ideen, Urteils- und Einbildungskraft der Massen.

§ 1. Die Ideen der Masse.

In meiner früheren Arbeit, wo ich die Bedeutung der Ideen für die Entwicklung der Völker untersuchte, habe ich gezeigt, daß jede Zivilisation sich aus einer geringen Anzahl selten erneuter Grundideen herleitet. Ich habe dort dargetan, wie diese Ideen sich in der Massenseele ausbreiten, mit welcher Schwierigkeit sie in sie eindringen und welche Macht sie dann gewinnen. Wir sahen schließlich, wie die großen historischen Erschütterungen meistens aus der Veränderung dieser Grundideen entspringen.

Da ich diesen Gegenstand hinlänglich behandelt habe, so werde ich hier nicht auf ihn zurückkommen, und ich will mich darauf beschränken, einiges betreffs der den Massen zugänglichen Ideen und der Formen, in welchen sie dieselben erfassen, zu sagen.

Man kann sie in zwei Klassen einteilen. Zu der einen zählen wir die unter dem Einflusse des Augenblickes entstandenen zufälligen und flüchtigen Ideen, z. B. die Vorliebe für eine Person oder eine Lehre, zur anderen die Grundideen, denen das Milieu, die Vererbung, der Glaube eine sehr große Stabilität verleihen, wie z. B. die religiösen Glaubenssätze von ehemals, die demokratischen und sozialen Ideen von heute.

Man kann sich die Grundideen als die Wassermasse eines langsam dahinströmenden Flusses, die flüchtigen Ideen als die kleinen, immer wechselnden Wellen vorstellen, welche seine Oberfläche erregen und welche, wiewohl ohne wirkliche Bedeutung, sichtbarer sind als der Flußlauf selbst.

In der Gegenwart geraten die Grundanschauungen, von denen unsere Väter lebten, immer mehr ins Wanken. Sie haben alle Festigkeit eingebüßt, und zugleich zeigen sich die auf ihnen beruhenden Institutionen völlig erschüttert. Täglich bilden sich viele jener kleinen Ideen, von denen ich eben sprach; nur wenige von ihnen aber scheinen zu wachsen und einen überwiegenden Einfluß gewinnen zu wollen.

Welcher Art auch die den Massen suggerierten Ideen sein mögen, sie können nur zur Herrschaft gelangen, wenn sie eine ganz bestimmte und einfache Gestalt annehmen. Sie stellen sich dann als Bilder dar und sind den Massen nur in dieser Form zugänglich. Diese Vorstellungsbilder sind miteinander durch kein logisches Band der Analogie oder Sukzession verbunden; sie können einander vertreten wie die Gläser einer *Laterna magica*, die der Experimentator der Schachtel, in der sie übereinander geschichtet waren, entnimmt. Aus diesem Grunde kann man bei den Massen die entgegengesetzten Ideen nebeneinander sich erhalten sehen. Wie es der Augenblick mit sich bringt, ist die Masse einer der verschiedenen in ihrem Intellekt aufgespeicherten Ideen ausgesetzt und kann demzufolge die verschiedenartigsten Handlungen begehen. Ihr völliger Mangel an kritischem Geist läßt sie die Widersprüche nicht gewahren.

Das ist aber kein den Massen ausschließlich eigenes Phänomen, es findet sich auch bei vielen isolierten Individuen, nicht bloß beim primitiven Menschen, sondern auch bei allen, die durch eine Seite ihres Geistes — wie etwa die Anhänger eines starken religiösen Glaubens — den Primitiven sich nähern. Ich habe es in erstaunlichem Grade bei gelehrten Hindus, die an europäischen Universitäten studierten und promovierten, konstatiert. Auf der festen Grundlage ihrer ererbten religiösen oder sozialen Ideen hatte sich, ohne dieselben zu stören, ein Grundstock abendländischer Anschauungen ohne Verwandtschaft mit jenen aufgeschichtet. Je nach den Zufälligkeiten des Augenblicks kamen bald die einen, bald die anderen samt ihrem besonderen Gefolge von Handlungen oder Reden zum Vorschein, und dasselbe Individuum bot so die offenbarsten Widersprüche dar. Widersprüche mehr scheinbarer als wirklicher Art freilich, denn bloß die ererbten Vorstellungen sind mächtig genug, um beim isolierten Individuum Motive des Verhaltens zu werden. Nur dann, wenn der Mensch infolge von Kreuzungen sich unter den Einflüssen verschiedener Erbschaften befindet, können seine Handlungen wirklich von einem Augenblick zum andern sich völlig widersprechen. Es hat keinen Zweck, hier bei diesen Erscheinungen zu verweilen, so groß auch ihre psychologische Bedeutung ist. Es ist meiner Meinung nach zu ihrem Verständnis wenigstens zehnjähriges Reisen und Beobachten nötig.

Da die Ideen den Massen nur in sehr einfacher Gestalt zugänglich sind, so müssen sie, um populär zu werden, sich oft völlig umformen. Besonders bei etwas höheren philosophischen oder wissenschaftlichen Ideen läßt sich dies Maß von Modifikationen ersehen, deren sie bedürfen, um von Schicht zu Schicht bis zum Niveau der Massen hinunterzusteigen. Diese Modifikationen sind abhängig von der Art der Masse oder von der Rasse, der diese angehört, aber stets bestehen sie in Verringerungen und Vereinfachungen. Daher gibt es für den sozialen Gesichtspunkt in Wahrheit keine Hierarchie der Ideen, d. h. mehr oder weniger hohe Anschauungen. Schon dadurch, daß eine Idee zu den Massen gelangt und hier zu wirken vermag, ist sie, mag sie ursprünglich noch so groß und wahr gewesen sein, beinahe alles dessen beraubt, was ihre Größe und Erhabenheit ausmacht.

Übrigens ist, vom sozialen Gesichtspunkt betrachtet, der hierarchische Wert einer Idee bedeutungslos. Was zu beachten ist, sind die von ihr erzeugten Wirkungen. Die christlichen Ideen des Mittelalters, die demokratischen Ideen des 18. Jahrhunderts, die sozialistischen Ideen der Gegenwart stehen wohl nicht besonders hoch, man kann sie in philosophischer Beziehung nur als ziemlich armselige Irrtümer betrachten. Und doch hatten sie eine ungeheure Bedeutung, und noch lange werden sie zu den wesentlichsten Faktoren des Verhaltens der Staaten zahlen.

Auch nach ihren Umformungen, durch die sie den Massen zugänglich wird, wirkt die Idee erst, wenn sie auf einem noch zu untersuchenden Wege in das Unbewußte gedrungen und zu einem Gefühle geworden ist, was stets lange Zeit braucht.

Man darf in der Tat nicht glauben, eine Idee könne bloß durch den Beweis ihrer Richtigkeit selbst auch nur bei den Gebildeten ihre Wirkungen erzielen. Wir überzeugen uns davon, sobald wir sehen, wie wenig Einfluß eine noch so klare Beweisführung auf die Mehrzahl der Menschen hat. Ein unterrichteter Zuhörer wird die Evidenz des Beweises, wenn sie am Tage liegt, anerkennen, aber das Unbewußte in ihm wird ihn bald zu seinen ursprünglichen Anschauungen zurückbringen. Nach Verlauf einiger Tage wird er uns seine alten Argumente mit genau denselben Worten vorbringen. Er befindet sich tatsächlich unter dem Einflusse älterer Ideen, die gefühlsmäßig geworden sind; sie sind es, die auf die tiefliegenden Motive unseres Handelns und Sprechens einwirken. Bei den Massen kann es sich nicht anders verhalten.

Ist aber eine Idee auf diesem oder jenem Wege endlich in die Massenseele eingedrungen, dann besitzt sie eine unwiderstehliche Macht und entfaltet eine ganze Reihe von Wirkungen, die man über sich ergehen lassen muß. Die philosophischen Ideen, welche zur französischen Revolution geführt haben, brauchten fast ein Jahrhundert, um in der Massenseele Wurzel zu fassen. Ihre unwiderstehliche Gewalt, die sie dann erlangten, ist bekannt. Der Ansturm eines ganzen Volkes zur Eroberung der sozialen Gleichheit, zur Verwirklichung abstrakter Rechte und idealer Freiheiten erschütterte alle Throne und erregte in der abendländischen Welt einen völligen Umsturz. Zwanzig Jahre lang fielen die Völker übereinander her, und Europa erlebte Hekatomben, vor denen Dschingis Khan und Tamerlan zurückgeschreckt wären. Nie sah die Welt in solchem Maße, was die Wirksamkeit einer Idee zu leisten vermag.

Die Ideen brauchen lange Zeit, um in der Massenseele Fuß zu fassen, aber ebenso lange währt es, bis sie aus dieser schwinden. Die Massen sind daher hinsichtlich der Ideen stets um mehrere Generationen hinter der Wissenschaft und Philosophie zurück. Alle Staatsmänner wissen heute wohl, wie viel Irrtum in den von mir angeführten Ideen steckt; da aber deren Einfluß noch sehr groß ist, so sind sie genötigt, nach Grundsätzen zu regieren, an deren Wahrheit sie nicht mehr glauben.

§ 2. Die Schlüsse der Massen.

Daß die Massen Folgerungen nicht zugänglich seien, kann man eigentlich nicht sagen. Aber die von ihnen verwendeten Argumente und jene, die auf sie zu wirken vermögen, sind in logischer Beziehung so untergeordneter Art, daß man sie nur *per analogiam* als Schlüsse qualifizieren darf.

Wie die höheren, so beruhen auch die einfacheren Schlußfolgerungen der Massen auf Assoziationen, aber die von den Massen assoziierten Gedanken lassen kein anderes Band als das der Analogie oder der Sukzession erkennen. Sie verketten sich wie jene des Eskimo, der aus Erfahrung weiß, daß das Eis, ein durchsichtiger Körper, im Munde schmilzt, und daraus schließt, das Glas, ebenfalls ein durchsichtiger Gegenstand, müsse auch im Munde schmelzen; oder wie jene des Wilden, der sich einbildet, wenn er das Herz eines tapferen Feindes verzehre, erwerbe er dessen Tapferkeit; oder auch wie jene des Arbeiters, der von seinem Chef ausgebeutet wurde und nun ohne weiteres schließt, alle Unternehmer seien Ausbeuter.

Assoziationen zwischen ganz ähnlichen Dingen mit nur oberflächlichen Beziehungen und eilfertige Verallgemeinerung von Einzelfällen, das sind die Merkmale des Massen-Denkens. Schlußfolgerungen solcher Art sind es, was ihnen durch jene dargeboten wird, die sie zu behandeln wissen; es sind auch die einzigen, die auf sie Einfluß haben können. Eine logische Schlußkette ist den Massen gänzlich unbegreiflich, und deshalb darf man behaupten, daß sie nicht oder falsch schließen und durch Logik nicht zu beeinflussen sind. Oft staunen wir bei der Lektüre über die Schwäche gewisser Reden, die gleichwohl auf die Massen, vor denen sie gehalten wurden, einen ungeheuren Eindruck gemacht haben. Aber man vergißt, daß sie dazu bestimmt waren, Mengen hinzureißen, nicht aber von Philosophen gelesen zu werden. Der Redner, der mit der Masse in innigem Kontakte steht, weiß die Bilder hervorzurufen, durch die sie verführt wird. Gelingt ihm dies, so ist sein Ziel erreicht, und zwanzig Bände Reden wiegen die wenigen Phrasen nicht auf, die in das zu besiegende Gehirn eindrangen.

Es ist überflüssig, zu bemerken, daß die Unfähigkeit der Massen zum richtigen Schließen sie jeglicher Spur kritischen Geistes beraubt, so daß sie nicht imstande sind, Wahrheit und Irrtum zu unterscheiden und irgendetwas scharf zu beurteilen. Die von den Massen angenommenen Urteile sind nur eingeflößte, niemals geprüfte Urteile. In dieser Beziehung erheben sich sehr viele Menschen nicht über die Masse. Die Leichtigkeit, mit der gewisse Meinungen allgemein werden, hängt vor allem mit der Unfähigkeit der meisten Menschen zusammen, sich auf Grund ihrer eigenen Schlüsse eine besondere Meinung zu bilden.

§ 3. Die Einbildungskraft der Massen.

Wie bei allen Wesen, bei denen das logische Denken nicht ins Spiel kommt, ist die Einbildungskraft der Massen sehr mächtig, sehr wirksam und lebhaft erregbar. Die durch eine Person, ein Ereignis, einen Unglücksfall in ihnen ausgelösten Vorstellungsbilder besitzen beinahe die Lebhaftigkeit der wirklichen Gegenstände. Ein wenig gleichen die Massen dem Schläfer, dessen zeitweilig aufgehobenes Denken in seinem Bewußtsein Bilder entstehen läßt, die äußerst intensiv sind, sich aber schnell verflüchtigen würden, könnten sie ins Licht der Reflexion fallen. Die Massen, die weder der Reflexion noch des logischen Denkens fähig sind, kennen das Unwahrscheinliche nicht. Nun sind aber gerade die unwahrscheinlichsten Dinge in der Regel die am meisten auffallenden. Daher werden die Massen stets durch die wunderbaren und legendären Seiten der Ereignisse am stärksten ergriffen. Bei der Analyse einer Zivilisation findet man, daß das Wunderbare und Sagenhafte in Wirklichkeit die ganze Stütze derselben ist. In der Geschichte hat der Schein allezeit eine größere Rolle als die Wirklichkeit gespielt. Das Irreale hat stets den Vorrang vor dem Realen.

Die Massen können nur in Bildern denken und lassen sich nur durch Bilder beeinflussen. bloß diese schrecken oder verführen sie und werden zu Motiven ihres Handelns.

So haben denn auch die Theatervorstellungen, die das Bild in klarster Sichtbarkeit geben, auf die Massen stets einen ungeheuren Einfluß. Brot und Spiele bildeten dereinst für den römischen Plebs das Glücksideal, über das ihm nichts ging. Und dieses Ideal hat sich im Laufe der Zeiten wenig geändert. Durch nichts wird die Phantasie der Massen aller Art so stark erregt als durch Theatervorstellungen. Die ganze Versammlung empfindet gleichzeitig dieselben Gefühle, und wenn sich diese nicht sofort in Handlungen umsetzen, so geschieht das eben nur deshalb, weil auch der unverständlichste Zuschauer nicht im Zweifel sein kann, daß er das Opfer einer Illusion ist und daß er über Abenteuer, die nur in der Phantasie bestehen, gelacht oder geweint hat. Oft aber sind die durch die Bilder ausgelösten Gefühle so stark, daß sie, gleich den gewöhnlichen Suggestionen, die Tendenz zur Umsetzung in Handlungen aufweisen. Wiederholt wurde die Geschichte von jenem Volkstheater erzählt, welches nur Trauerspiele aufführte und den Schauspieler, der die Rolle des Verräters innehatte, nach Vorstellungsschluß beschützen mußte, um ihn den Angriffen der über die, wenn auch nur imaginären, Verbrechen dieses Verräters empörten Zuschauer zu entziehen. Es ist dies meiner Meinung nach eines der markantesten Beispiele für den geistigen Zustand der Massen und besonders für die Leichtigkeit, mit der man ihnen etwas suggeriert. Das Unwirkliche beeinflußt sie fast ebenso stark wie das Wirkliche. Sie haben die sichtliche Tendenz, zwischen beiden keinen Unterschied zu machen.

Auf die Phantasie des Volkes gründet sich die Macht der Eroberer und die Kraft der Staaten; auf sie besonders muß man wirken, will man die Massen mitreißen. Alle bedeutenden geschichtlichen Ereignisse, die Entstehung des Buddhismus, des Christentums, des Islam, der Reformation, der Revolution und in der Gegenwart der drohende Einbruch des Sozialismus, sind die unmittelbaren oder entfernten Folgen starker Eindrücke auf die Massenphantasie.

Es haben denn auch die großen Staatsmänner aller Zeiten und Länder, inbegriffen die absolutesten Despoten, in der Volksphantasie die Basis ihrer Macht erblickt, und sie haben niemals versucht, gegen sie zu regieren. „Ich habe", sagte Napoleon zum Staatsrate, „den Krieg in der Vendée beendigt, indem ich katholisch wurde, in Ägypten habe ich Fuß gefaßt, dadurch, daß ich mich zum Muselmann machte, und die italienischen Priester gewann ich, indem ich ultramontan wurde. Würde ich über ein jüdisches Volk herrschen, so würde ich den Salomonischen Tempel wieder aufbauen lassen." Seit Alexander und Cäsar hat vielleicht niemals ein großer Mann besser gewußt, wie auf die Massenphantasie Eindruck zu machen ist; Napoleons ständige Sorge war, sie zu erregen. Darauf sann er in seinen Siegen, seinen Reden, seinen Abhandlungen, seinen Handlungen — und noch auf seinem Totenbett.

Wie macht man auf die Massenphantasie Eindruck? Wir werden es gleich sehen. Einstweilen sei nur gesagt: es geschieht niemals durch den Versuch, auf Verstand und Vernunft, d. h. durch Logik zu wirken. Nicht mittels einer gelehrten Rhetorik vermochte Antonius das Volk gegen die Mörder Cäsars aufzuwiegeln, sondern dadurch, daß er ihnen Cäsars Testament vorlas und ihnen Cäsars Leichnam zeigte.

Alles, was die Phantasie der Massen erregt, stellt sich in der Form eines packenden und klaren Bildes dar, das allen Nebensinnes bar ist oder nur einige wunderbare oder geheimnisvolle Tatsachen im Gefolge hat: einen großen Sieg, ein großes Wunder, ein großes Verbrechen, eine große Hoffnung. Hundert kleine Verbrechen oder hundert kleine Unfälle werden auf die Massenphantasie nicht die geringste Wirkung ausüben, wohl aber wird jene durch ein einziges großes Verbrechen, einen einzigen großen Unfall, möge er auch viel weniger mörderisch als die hundert kleinen Unfälle zusammengenommen sein, tief erschüttert. Die Influenzaepidemie, infolge deren vor einigen Jahren in Paris fünftausend Menschen innerhalb weniger Wochen starben, machte auf die Volksphantasie wenig Eindruck. Freilich ward diese wahre Hekatombe nicht durch ein sichtbares Bild kenntlich, sondern nur durch die täglichen statistischen Berichte. Ein Unfall, der statt fünftausend nur fünfhundert Menschenleben verschuldet hatte, aber dies an einem einzigen Tage, auf einem öffentlichen Platze, in recht sichtbarer Weise, z. B. der Zusammenbruch des Eiffelturmes, würde im Gegenteil einen ungeheuren Eindruck auf die Einbildungskraft ausgeübt haben. Der wahrscheinliche Verlust eines Ozeanfahrers, von dem man irrtümlich glaubte, er sei auf hoher See untergegangen, erregte die Massenphantasie acht Tage lang außerordentlich. Nun zeigt die Statistik, daß in demselben Jahre tausend große Schiffe verloren gingen. Aber um diese sukzessiven Verluste, die doch viel größere Menschenleben- und Warenzerstörungen bedeuten, als bei dem erwähnten Ozeanfahrer hatten vorkommen können, kümmerten sich die Massen nicht einen Augenblick.

Nicht die Tatsachen als solche sind es also, was die Volksphantasie erregt, sondern die Art und Weise, wie sie sich verteilen und darstellen. Sie müssen sozusagen durch ihre Verdichtung ein packendes Bild, welches die Seele erfüllt und ergreift, bewirken. Wer die Kunst, die Einbildungskraft der Massen zu erregen, kennt, der kennt auch die Kunst, sie zu regieren.

4. Kapitel.
Die religiösen Formen der kollektiven Überzeugungen.

Wir haben dargetan, daß die Massen nicht logisch schließen, daß sie vielmehr Ideen als Ganzes annehmen oder verwerfen, weder Diskussion noch Widerspruch dulden, und daß die auf sie einwirkenden Suggestionen die Sphäre ihres Verständnisses völlig in Anspruch nehmen und sogleich in Handlungen sich umzusetzen streben. Wir haben gezeigt, daß die gehörig suggestionierten Massen bereit sind, sich für das ihnen suggerierte Ideal zu opfern. Wir sahen auch, daß sie nur heftige und extreme Gefühlsausdrucke kennen, daß bei ihnen die Sympathie rasch zur Anbetung wird und daß sie sich, kaum entstanden, in Haß verwandelt. Diese allgemeinen Angaben lassen uns schon die Art ihrer Überzeugung ahnen.

Die nähere Untersuchung der Überzeugungen der Masse, wie sie ebenso in den Zeiten des Glaubens als in den großen politischen Erhebungen etwa im vorigen Jahrhundert auftreten, ergibt, daß diese Überzeugungen stets eine besondere Form annehmen, die ich nicht besser zu bestimmen vermag, als durch den Namen des religiösen Gefühls.

Dieses Gefühl besitzt sehr einfache Merkmale: Anbetung eines vermeintlichen höheren Wesens, Furcht vor der ihm zugeschriebenen magischen Gewalt, blinde Ergebung unter dessen Befehle, Unfähigkeit zur Diskussion über dessen Dogmen, Streben nach deren Verbreitung, Tendenz, jene als Feinde zu betrachten, die sie nicht annehmen. Ein solches Gefühl mag sich auf einen unsichtbaren Gott, auf ein steinernes oder hölzernes Idol, auf einen Helden oder auf eine politische Idee richten, sobald es die angeführten Merkmale aufweist, ist es religiösen Charakters. Das Übernatürliche und das Wunderbare finden sich hier in gleichem Maße. Die Massen bekleiden unbewußt die politische Formel oder den siegreichen Anführer, der sie für den Augenblick zur Schwärmerei verführt, mit einer mystischen Gewalt.

Nicht bloß, wenn man eine Gottheit verehrt, ist man religiös, sondern auch dann, wenn man alle Kräfte des Geistes, alle Willensergebung, alle Gluten des Fanatismus dem Dienste einer Kraft oder eines Wesens weiht, welches zum Ziel und Führer der Gedanken und Handlungen wird.

Zum religiösen Gefühle gehören notwendig Intoleranz und Fanatismus. Sie sind unausbleiblich bei jenen, welche sich im Besitze des Geheimnisses des irdischen oder himmlischen Glücks glauben. Diese beiden Züge finden sich bei allen zu Gruppen vereinigten Menschen, wenn irgendein Glaube sie erhebt. Die Jakobiner der Schreckenstage waren ebenso tief religiös wie die Katholiken der Inquisition, und ihr grausamer Eifer entfloß der gleichen Quelle.

Die Überzeugungen der Massen nehmen die dem religiösen Gefühle eigenen Eigenschaften der blinden Ergebenheit, der grausamen Intoleranz und des Bedürfnisses nach gewaltsamer Propaganda an; daher kann man sagen, alle ihre Glaubensinhalte haben eine religiöse Form. Der Held, dem die Masse zujubelt, ist für sie in der Tat ein Gott. Napoleon war es fünfzehn Jahre lang, und nie hat eine Gottheit eifrigere Anbeter gehabt; auch sandte keine die Menschen leichter in den Tod. Die Gottheiten des Heidentums und des Christentums übten niemals eine vollkommenere Herrschaft über die von ihnen gewonnenen Seelen aus.

Alle Stifter eines religiösen oder politischen Glaubens haben diesen nur dadurch begründet, daß sie es verstanden, den Massen jene Gefühle des Fanatismus einzuflößen, welche bewirken, daß der Mensch sein Glück in der Anbetung und im Gehorsam findet und gewillt ist, sein Leben für sein Idol zu lassen. So war es zu allen Zeiten. Fustel de Coulanges bemerkt in seinem schonen Buche über das römische Gallien, daß das römische Imperium sich keineswegs durch seine Kraft, sondern durch die religiöse Bewunderung, die es einflößte, erhielt. „Es wäre in der Weltgeschichte ohne Beispiel, daß eine von den Völkern verabscheute Herrschaft fünf Jahrhunderte gewahrt hat (...) Es wäre unerklärbar, daß dreißig Legionen des Kaiserreichs hundert Millionen Menschen zum Gehorsam haben zwingen können." Sie gehorchten, aber nur, weil der Kaiser, der die Größe Roms repräsentierte, einmütig als Gott verehrt wurde. Im kleinsten Flecken des Reiches besaß der Kaiser seine Altäre. „In jener Zeit sah man von einem Ende des Reiches zum andern in den Seelen eine neue Religion erstehen, deren Gottheiten die Kaiser selbst waren. Einige Jahre vor der christlichen Ära errichtete ganz Gallien, welches durch sechzig Städte repräsentiert ward, dem Augustus gemeinsam einen Tempel bei Lyon. (...) Seine Priester, die von der Gesamtheit der gallischen Städte gewählt wurden, waren die ersten Persönlichkeiten ihres Landes. (...) Es ist unmöglich, dies alles der Furcht und knechtischen Unterwürfigkeit zuzuschreiben. Ganze Völker sind nicht knechtisch, und sie sind es nicht drei Jahrhunderte lang. Nicht die Höflinge verehrten den

Fürsten, sondern Rom; nicht Rom allein, sondern auch Gallien, Spanien, Griechenland und Asien."

Heutzutage besitzen die meisten der großen Seeleneroberer keine Altäre mehr, wohl aber Statuen oder Bilder, und der Kultus, den man mit ihnen treibt, ist von dem ihnen dereinst erwiesenen nicht erheblich verschieden. Die Philosophie der Geschichte versteht man erst dann ein wenig, wenn man sich von diesem Angelpunkt der Massenpsychologie recht überzeugt hat. Für die Massen muß man entweder ein Gott oder nichts sein.

Man glaube nicht, es seien dies nur abergläubische Anschauungen einer anderen Zeit, die die Vernunft endgültig verscheucht hat. In seinem ewigen Kampfe mit der Vernunft ward das Gefühl niemals besiegt. Wohl mögen die Massen die Worte der Gottheiten und der Religion, denen sie so lange Zeit dienten, nicht mehr hören, aber sie haben zu keiner Zeit so viel Fetische besessen als seit hundert Jahren, und niemals haben sich die alten Gottheiten so viele Statuen und Altäre errichten lassen. Wer in den letzten Jahren die unter dem Namen des Boulangismus bekannte Volksbewegung studiert hat, der konnte sehen, wie leicht die religiösen Instinkte der Massen der Erneuerung fähig sind. Kein Dorfwirtshaus gab es damals, das nicht ein Bild des Helden besaß. Man schrieb ihm die Macht zu, allen Ungerechtigkeiten, allen Übeln zu steuern, und Tausende Menschen hatten für ihn ihr Leben hingegeben. Welche Stelle würde er in der Geschichte eingenommen haben, hätte sein Charakter nur ein wenig der um ihn gewobenen Legende Stich halten können!

Es ist denn auch eine sinnlose Banalität, wenn man betont, die Massen bedürften einer Religion; denn alle politischen, religiösen und sozialen Glaubensinhalte finden bei ihnen nur Eingang in der religiösen Form, die sie jeder Diskussion enthebt. Wäre der Atheismus den Massen zugänglich, so würde er bei ihnen den ganzen intoleranten Eifer eines religiösen Gefühles erlangen und in seinen äußeren Formen bald zu einem Kultus werden. Ein interessantes Beispiel dafür gibt uns die Entwicklung der kleinen positivistischen Sekte. Es ist ihr sehr rasch das widerfahren, was jenem Nihilisten, dessen Geschichte der tiefe Dostojewski erzählt, widerfuhr. Eines Tages vom Geiste erleuchtet, zerbrach er die Bildwerke der Gottheiten und Heiligen, welche den Altar einer Kapelle schmückten, löschte die Kerzen aus, ersetzte unverzüglich die zerstörten Bildwerke durch die Werke einiger atheistischer Denker wie Büchner und Moleschott und entzündete sodann pietätsvoll neue Kerzen. Der Gegenstand seines religiösen Glaubens war ein anderer geworden, aber hatten sich seine religiösen Gefühle geändert?

Ich wiederhole: gewisse historische Ereignisse, und zwar gerade die wichtigsten, kann man nur verstehen, wenn man sich von jener religiösen Form, welche die Überzeugungen der Massen schließlich stets annehmen, Rechenschaft gegeben hat. Es gibt soziale Phänomene, die man mehr als Psychologe denn als Naturforscher studieren muß. Unser großer Historiker Taine hat die Revolution nur als Naturforscher studiert, und deshalb ist ihm die wirkliche Entstehung der Ereignisse recht oft entgangen. Er hat die Tatsachen vorzüglich beobachtet, aber aus Mangel an einer Massenpsychologie nicht immer die Ursachen jener erfaßt. Da die Tatsachen ihn durch ihre blutige, anarchische und wilde Seite erschreckten, so sah er in den Helden der großen

Epoche nur eine Horde epileptischer Wilder, die sich ihren Trieben zügellos hingaben. Die Gewalttaten der Revolution, ihre Metzeleien, ihr Bedürfnis nach Propaganda, ihre Kriegserklärung an alle Könige erklären sich nur, wenn man bedenkt, daß sie nichts als die Befestigung eines neuen religiösen Glaubens in der Massenseele waren. Die Reformation, die Bartholomäusnacht, die Religionskriege, die Inquisition, die Schreckenstage sind Erscheinungen derselben Art, hervorgerufen durch Massen, welche von jenen religiösen Gefühlen belebt waren, die notwendig dazu führen, schonungslos mit Feuer und Schwert alles auszurotten, was sich der Herrschaft des neuen Glaubens entgegenstellt. Das Verfahren der Inquisition ist dasjenige aller wahrhaft überzeugten; sie wären keine Gläubigen, wenn sie anders verführen.

Umwälzungen gleich jenen, die ich erwähnte, sind nur möglich, wenn die Massenseele sie ins Leben ruft. Die absolutesten Despoten könnten sie nicht entfesseln. Wenn die Historiker uns erzählen, die Bartholomäusnacht sei das Werk eines Königs gewesen, so bekunden sie, daß sie die Psychologie der Massen ebensowenig wie die der Könige verstehen. Solche Manifestationen können nur der Massenseele entspringen. Die absoluteste Macht des despotischsten Monarchen reicht nicht weiter als zu einer geringen Beschleunigung oder Verzögerung des Moments. Nicht die Könige haben die Bartholomäusnacht, die Religionskriege verursacht, und nicht Robespierre, Danton oder Saint-Just waren die Urheber der Schreckenstage. Hinter solchen Ereignissen findet sich stets die Massenseele, niemals die Macht der Könige.

Zweites Buch.
Anschauungen und Überzeugungen der Massen.

1. Kapitel.
Mittelbare Faktoren der Anschauungen und Überzeugungen der Massen.

Wir haben bisher die Geistesbeschaffenheit der Massen studiert. Wir kennen die Art ihres Fühlens, Denkens, Schließens. Nun wollen wir sehen, auf welche Weise ihre Meinungen und Anschauungen entstehen und sich befestigen.

Zweierlei Faktoren bestimmen diese Anschauungen und Überzeugungen: indirekte und unmittelbare Faktoren.

Die indirekten Faktoren befähigen die Massen zur Annahme gewisser Überzeugungen und verhindern das Eindringen anderer. Sie bereiten den Boden vor, auf dem man plötzlich neue Ideen keimen sieht, deren Kraft und Wirkung Staunen erregt, die aber nur dem Scheine nach spontan sind. Der Ausbruch und die Verwirklichung gewisser Ideen bei den Massen weist oft eine blitzartige Plötzlichkeit auf. Aber diese ist nur eine oberflächliche Wirkung, hinter welcher man eine lange Vorarbeit zu suchen hat.

Die unmittelbaren Faktoren sind jene, welche, zu dieser langen Arbeit, ohne die sie wirkungslos blieben, hinzukommend, die lebendige Überzeugung der Massen hervorrufen, — welche also der Idee ihre Gestalt verleihen und sie mit allen ihren Folgen entbinden. Vermöge dieser unmittelbaren Faktoren ergeben sich die Revolutionen, die eine Gesamtheit zu jäher Erhebung führen — durch sie kommt es zu einem Aufruhr oder zu einem Streik, durch sie bringen riesige Majoritäten einen Menschen zur Macht oder sie stürzen eine Regierung.

Die allmähliche Wirksamkeit dieser beiden Arten von Faktoren gewahren wir in allen großen Ereignissen der Geschichte. So zählte, um nur eines der klarsten Beispiele herauszugreifen, die französische Revolution zu ihren entfernten Faktoren die Schriften der Philosophen, die Erpressungen des Adels, die Fortschritte des wissenschaftlichen Denkens. Die so vorbereitete Massenseele wurde in der Folge mit Leichtigkeit durch unmittelbare Faktoren wie die Ansprachen der Redner und den Widerstand des Hofes gegenüber unbedeutenden Reformen aufgerüttelt.

Zu den mittelbaren Faktoren gehören allgemeine Faktoren, die sich auf dem Grunde aller Anschauungen und Glaubensmeinungen der Massen finden, nämlich die Rasse, die Tradition, die Zeit, die Institutionen und die Erziehung.

Die Bedeutung dieser mannigfaltigen Faktoren wollen wir nun untersuchen.

§ 1. Die Rasse.

Der Rassenfaktor muß an die erste Stelle gesetzt werden, denn er überragt alle anderen beträchtlich an Bedeutung. Da wir ihn in einer anderen Schrift genügend untersucht haben, brauchen wir hier nicht auf ihn zurückzukommen. Wir haben in jener Schrift gezeigt, was eine historische Rasse ist, und wie sie, nachdem ihre Charaktermerkmale sich einmal gebildet haben, vermöge des Vererbungsgesetzes eine solche Macht besitzt, daß ihre Glaubenssätze, ihre Institutionen, ihre Kunst, kurz, alle ihre

Kulturelemente nur den äußeren Ausdruck für ihre Seelen bilden. Wir haben dargetan, daß die Kraft der Rasse so groß ist, daß kein Element von einem Volke zum andern übergehen kann, ohne die tiefstgehenden Umwandlungen zu erfahren. [9] Das Milieu, die Umstände, die Ereignisse stellen die sozialen Suggestionen des Augenblicks dar. Sie können von erheblichem Einflusse sein, aber dieser Einfluß ist stets, wenn er den Rassensuggestionen, d. h. der ganzen Ahnenreihe entgegengesetzt ist, ein momentaner.

In mehreren Kapiteln dieses Werkes werden wir noch Gelegenheit nehmen, auf den Einfluß der Rasse zurückzukommen und darzutun, daß derselbe so groß ist, daß er die Sondermerkmale der Massenseele beherrscht. Daraus ergibt sich der Umstand, daß die Massen verschiedener Länder in ihrem Glauben und Verhalten sehr beträchtliche Unterschiede aufweisen und nicht auf die gleiche Weise zu beeinflussen sind.

§ 2. Die Tradition.

Die Tradition umfaßt die Ideen, Bedürfnisse und Gefühle der Vorzeit. Sie ist die Synthese der Rasse und lastet mit ihrem ganzen Gewichte auf uns.

Seitdem die Embryologie den ungeheuren Einfluß der Vergangenheit auf die Entwicklung der Wesen gezeigt hat, haben sich die biologischen Disziplinen gewandelt, und die historischen Wissenschaften werden es ebenso, sobald dieser Gedanke verbreiteter sein wird. Noch ist er es nicht hinreichend, und viele Staatsmänner stehen noch auf dem Standpunkte der Theoretiker des verflossenen Jahrhunderts, welche glaubten, eine Gesellschaft könne mit ihrer

Vergangenheit brechen und ganz neu organisiert werden, rein durch die Kraft der Vernunft.

Ein Volk ist ein durch die Vergangenheit geschaffener Organismus, der, wie alle Organismen, sich nur mittels langsamer Erbansammlungen verändern kann.

Was die Menschen, besonders wenn sie zu Massen vereinigt sind, leitet, ist die Überlieferung; nur die Namen, die äußeren Formen derselben ändern sich leicht, wie ich schon betonte.

Das ist nicht zu bedauern. Ohne Überlieferung keine Volksseele, keine Zivilisation. So bestanden denn auch die zwei großen Beschäftigungen des Menschen seit seinem Auftreten in der Schaffung eines Netzes von Überlieferungen und in deren Zerstörung nach Verbrauch ihrer nützlichen Wirkungen. Ohne Tradition keine Zivilisation, ohne langsame Ausschaltung ersterer kein Fortschritt. Die Schwierigkeit besteht darin, das richtige Gleichgewicht zwischen Stabilität und Variabilität zu finden, und diese Schwierigkeit ist ungeheuer. Hat ein Volk durch viele Generationen seine Gewohnheiten zu fest werden lassen, so kann es sich nicht ändern und wird, wie China, unfähig zur Vervollkommnung. Gewaltsame Revolutionen helfen da nichts, denn dann geschieht es entweder, daß die zerbrochenen Glieder der Kette sich wieder zusammenlöten und die Vergangenheit ohne Wechsel ihre Herrschaft aufnimmt, oder daß die Bruchstücke getrennt bleiben, und dann folgt der Anarchie bald die Entartung.

Es ist also das Ideal für ein Volk, die Institutionen der Vergangenheit zu bewahren und sie nur unmerklich und schrittweise umzuwandeln. Es ist das ein schwer erreichbares Ideal. Im Altertum waren die Römer, in der Neuzeit die Engländer ziemlich die einzigen, die es verwirklicht haben.

Die zähesten Bewahrer der traditionellen Ideen, die sich am hartnäckigsten deren Wechsel widersetzen, sind gerade die Massen und besonders jene, aus denen die Kasten bestehen. Ich habe bereits auf den konservativen Geist der Massen hingewiesen und gezeigt, daß die gewaltsamen Revolten nur auf einen Wandel der Worte hinauslaufen. Gegen Ende des 18. Jahrhunderts konnte man angesichts der verjagten oder guillotinierten Priester, der allgemeinen Verfolgung des katholischen Kultus glauben, die alten religiösen Ideen hätten alle ihre Macht eingebüßt; dennoch vergingen nur einige Jahre, da mußte infolge der allgemeinen Forderungen der abgeschaffte Kultus wieder eingesetzt werden. [10] Für einen Augenblick verlöscht, hatten die Überlieferungen ihre Herrschaft wieder aufgenommen.

Es gibt kein Beispiel, das die Macht der Überlieferung über die Massenseele besser zeigt. Nicht in den Tempeln wohnen die furchtbarsten Idole, nicht in den Palästen die despotischsten Tyrannen. Sie können in einem Augenblick gestürzt werden; aber die unsichtbaren Herren, die in unseren Seelen herrschen, entschlüpfen jedem Aufstandsversuch und weichen nur der langsamen Schwächung durch die Jahrhunderte.

§ 3. Die Zeit.

Einer der kräftigsten Faktoren in den sozialen wie in den biologischen Problemen ist die Zeit. Sie ist der einzige große Erzeuger und der einzige große Zerstörer. Sie ist es, die die Berge aus Sandkörnern gemacht und die winzige Zelle der geologischen Urzeit zur menschlichen Würde erhoben hat. Um irgendein Ding zur Umwandlung zu bringen, genügt das Verstreichen der Jahrhunderte. Mit Recht wird gesagt, eine Ameise, die genug Zeit hätte, könnte den Montblanc abtragen. Ein Wesen, das die magische Gewalt besäße, die Zeit nach Belieben wechseln zu lassen, hätte die Macht, welche von den Gläubigen Gott zugeschrieben wird.

Hier haben wir uns aber nur mit dem Einflusse der Zeit auf die Entstehung der Anschauungen der Massen zu befassen. Ihre Wirksamkeit ist in dieser Hinsicht sehr groß. Abhängig von ihr sind die großen Kräfte, wie die der Rasse, die sich ohne sie nicht bilden können. Sie läßt alle Glaubensinhalte erstehen, wachsen, absterben; sie ist es, die ihnen ihre Macht gibt und nimmt.

Die Zeit vornehmlich bereitet die Anschauungen und Überzeugungen der Massen, d. h. den Boden, auf dem sie keimen, vor. Das ist der Grund, warum gewisse Ideen nur zu einer bestimmten Zeit, nicht zu einer anderen realisierbar sind. Die Zeit ist es, was jene ungeheuren Trümmer von Glaubensinhalten und Gedanken anhäuft, auf denen die Ideen einer Epoche erwachsen. Nicht durch Zufall und Ungefähr keimen sie, die Wurzel einer jeden reicht in eine weite Vergangenheit. Blühen sie, so hatte die Zeit ihre Blüte vorbereitet; um ihren Ursprung zu erfassen, muß man stets zurückgehen. Sie sind die Tochter der Vergangenheit und die Mutter der Zukunft, stets aber die Sklavinnen der Zeit.

So ist denn die Zeit wahrhaft unsere Lehrerin, und man braucht sie nur walten zu lassen, um alles sich umwandeln zu sehen. Wir sorgen uns heute stark ob der drohenden Ansprüche der Massen, der von ihnen angekündigten Umstürze und Umwälzungen; die Zeit allein wird uns das Gleichgewicht wieder herstellen. „Keine Ordnung", schreibt treffend Lavisse, „ist an einem Tage erstanden. Die politischen und sozialen Organisationen sind Werke, die Jahrhunderte erfordern; der Feudalismus bestand jahrhundertelang formlos und chaotisch, bevor er seine Regelung erfuhr; die absolute Monarchie existierte ebenfalls durch Jahrhunderte, bis sie reguläre Herrschaftsmittel fand, und es gab großen Wirrwarr in dieser Übergangszeit."

§ 4. Die politischen und sozialen Institutionen.

Der Gedanke, Institutionen könnten sozialen Übeln steuern, der Fortschritt der Nationen sei die Folge der Vervollkommnung der Verfassungen und Regierungen, und die sozialen Umwandlungen könnten durch Dekrete sich vollziehen, dieser Gedanke ist noch sehr verbreitet. Die französische Revolution nahm ihn zum Ausgangspunkte, und die sozialen Theorien der Gegenwart stützen sich darauf.

Die fortgesetzten Erfahrungen vermochten es nicht, diesen schrecklichen Wahn ernstlich zu erschüttern. Die Philosophen und Historiker haben vergeblich versucht, die Sinnlosigkeit dieser Lehre zu beweisen. Immerhin ist es ihnen unschwer gelungen, zu zeigen, daß die Institutionen Töchter der Ideen, Gefühle und Sitten sind und daß diese Ideen, Gefühle und Sitten nicht dadurch umgestaltet werden, daß man die Gesetze umgestaltet. Ein Volk wählt seine Institutionen nicht beliebig, ebensowenig wie es die Farbe seiner Augen oder seiner Haare wählt. Institutionen und

Regierungsweisen sind ein Rassenprodukt. Weit entfernt, die Schöpfer einer Epoche zu sein, sind sie deren Geschöpfe. Die Völker werden nicht nach ihren momentanen Launen, sondern gemäß ihrem Charakter regiert. Jahrhunderte erfordert die Bildung einer Staatsordnung und Jahrhunderte deren Wandel. Die Institutionen haben keinen unmittelbaren Wert, sie sind an sich weder gut noch schlecht. Jene, welche für ein bestimmtes Volk zu einer bestimmten Zeit gut sind, können für ein anderes verabscheuenswert sein.

Es liegt also ganz und gar nicht in der Macht eines Volkes, seine Institutionen wirklich zu ändern. gewiß kann es auf Kosten gewaltsamer Revolutionen den Namen seiner Institutionen ändern, aber der Kern bleibt derselbe. Die Namen sind nur leere Etiketten, um die sich ein etwas gründlicherer Historiker nicht zu kümmern hat. So ist z. B. das demokratischste Land der Welt England [11], das doch eine monarchische Verfassung hat, während der härteste Despotismus in den südamerikanischen Republiken trotz ihrer republikanischen Verfassung herrscht. Nicht die Regierung, sondern der Charakter der Völker bestimmt deren Schicksale. Diese Ansicht habe ich in einer meiner früheren Schriften, auf bestimmte Beispiele mich stützend, zu erhärten gesucht.

Es ist demnach ein kindisches Unterfangen, nur eine zwecklose rhetorische Übung, wenn man die Zeit mit der Verfertigung von Konstitutionsakten vergeudet. Die Notwendigkeit und die Zeit übernehmen schon deren Ausarbeitung, wenn wir nur klug genug sind, diese beiden Faktoren walten zu lassen. So war es bei den Angelsachsen, und dies sagt uns ihr großer Historiker Macaulay an einer Stelle, die von den Politikern aller lateinischen Länder auswendig gelernt werden sollte. Nach Anführung all des Guten, das sich aus den seitens der reinen Vernunft als ein Chaos von Unsinnigkeiten und Widersprüchen erscheinenden Gesetzen machen läßt, vergleicht er das Dutzend in den Erschütterungen erstorbener Konstitutionen der lateinischen Nationen Europas und Amerikas mit jener Englands und zeigt, daß die letztere nur äußerst langsam und teilweise unter dem Einflusse unmittelbarer Notwendigkeiten, niemals aber spekulativer Ideen, wechselte. „Niemals um die Symmetrie, wohl aber um die Nützlichkeit sich kümmern, niemals eine Anomalie, bloß weil sie eine solche ist, entfernen, niemals Neuerungen machen, außer wenn eine Unzuträglichkeit fühlbar wird, und auch dann gerade nur soviel, um diese Unzuträglichkeit loszuwerden, niemals einen Satz aufstellen, der mehr umfaßt als den Fall, den man behandelt: das sind die Regeln, die seit der Zeit Johanns bis zum Zeitalter der Königin Viktoria die Beratungen unserer 250 Parlamente allgemein geleitet haben."

Man müßte nacheinander jedes Gesetz und jede Institution eines jeden Volkes herausgreifen, um zu zeigen, in welchem Maße sie der Ausdruck der Bedürfnisse einer Rasse und deshalb nicht gewaltsam umzuwandeln sind. Man kann z. B. über die Vorteile und Unzukömmlichkeiten der Zentralisation philosophisch diskutieren; aber wenn wir sehen, wie ein Volk, das aus sehr verschiedenen Rassen besteht, tausendjährige Anstrengungen macht, um Schritt für Schritt zu dieser Zentralisation zu gelangen, wenn wir gewahren, daß eine große Revolution, deren Ziel die Zertrümmerung aller Institutionen der Vergangenheit war, genötigt war, nicht allein diese Zentralisation zu respektieren, sondern sie sogar zu übertreiben, so können wir sagen, sie ist das Produkt gebieterischer Notwendigkeiten, und können nur den Mangel an Scharfblick bei den Politikern, welche von ihrer Aufhebung reden, beklagen. Gelänge ihnen dieselbe zufällig, so würde die Stunde des Gelingens sofort das Signal zu einem schrecklichen Bürgerkriege [12] geben, der übrigens sehr schnell eine neue, noch viel drückendere Zentralisation herbeiführen würde.

Aus dem Vorstehenden ist zu folgern, daß das Mittel zur nachhaltigen Beeinflussung der Massenseele nicht in den Institutionen liegt. Wenn wir gewisse Länder, wie die Vereinigten Staaten, bei demokratischen Institutionen einen hohen Grad des Gedeihens erreichen sehen, während andere, wie die spanisch-amerikanischen Republiken, trotz absolut ähnlicher Institutionen in der traurigsten Anarchie leben, so müssen wir sagen, diese Institutionen haben mit der Große der einen, ebensowenig wie mit dem Niedergang der anderen etwas zu tun. Was die Völker beherrscht, ist ihr Charakter, und alle Institutionen, die sich diesem Charakter nicht innig anschmiegen, stellen nur ein ausgeliehenes Kleid, eine vorübergehende Verkleidung dar. Gewiß hat es blutige Kriege und gewaltige Revolutionen gegeben, und es wird ihrer geben, um Institutionen einzuführen, denen man wie den Reliquien der Heiligen die übernatürliche Macht zuschreibt, Glück zu stiften. In gewissem Sinne konnte man also sagen, die Institutionen wirken auf die Massenseele, da sie solche Erhebungen veranlassen. In Wahrheit aber sind es nicht die Institutionen, die so wirken, denn wir wissen, daß sie, sieghaft oder besiegt, an sich keinerlei Kraft besitzen. Was auf die Massenseele wirkte, waren Illusionen und Worte; besonders aber Worte, jene leeren und dabei machtvollen Worte, deren wunderbare Herrschaft wir bald dartun werden.

§ 5. Erziehung und Unterricht.

Unter den herrschenden Ideen einer Epoche, deren kleine Zahl und — trotzdem sie oft pure Illusionen sind — große Kraft wir hervorgehoben haben, nimmt heute den ersten Rang die Anschauung ein, daß der Unterricht die Menschen erheblich zu verändern vermag und deren Verbesserung und sogar Gleichmachung zum sicheren Ergebnis hat. Bloß durch seine Wiederholung ist dieser Satz schließlich eines der unerschütterlichsten Dogmen der Demokratie geworden, und es ist ebenso schwer, es anzutasten, als es sich einst mit den kirchlichen Dogmen verhielt.

In diesem wie in vielen anderen Punkten aber hat sich ein gröoßer Zwiespalt zwischen den demokratischen Ideen und den Tatsachen der Psychologie und der Erfahrung herausgestellt. Mehrere hervorragende Philosophen, unter anderen auch Herbert Spencer, konnten leicht dartun, daß der Mensch durch den Unterricht weder sittlicher noch glücklicher wird, daß durch ihn seine Instinkte und Grundtriebe nicht abgeändert werden, daß der Unterricht oft, wenn schlecht geleitet, mehr Schaden als Nutzen bringt. Die Statistiker bestätigten diese Ansicht, indem sie zeigten, daß die Kriminalität mit der Verbreitung des Unterrichts oder wenigstens einer gewissen Art des Unterrichts zunimmt, daß die schlimmsten Feinde der Gesellschaft, die Anarchisten, sich oft aus den Laureaten der Schule rekrutieren. In einer neuen Arbeit hat ein hervorragender

Beamter, Adolphe Guillot, berichtet, daß man jetzt 3000 gebildete gegenüber 1000 ungebildeten Verbrechern zählt und daß innerhalb 50 Jahren das Verbrechertum von 227 auf 522 pro 100000 Einwohner gestiegen ist, was einen Zuwachs von 133 Prozent bedeutet. In Übereinstimmung mit seinen Kollegen hat er verzeichnet, daß die Kriminalität besonders bei den jungen Leuten zunimmt, bei denen, wie man weiß, die unentgeltliche und obligatorische Schule an die Stelle des Lehrherrn getreten ist.

Nicht als ob — was ja niemand behauptet hat — der gut geleitete Unterricht nicht sehr nützlich wirken könnte, wenn schon nicht in sittlicher Hinsicht, so doch wenigstens zur Entfaltung der beruflichen Fähigkeiten. Leider haben, besonders seit 25 Jahren, die lateinischen Völker ihre Unterrichtssysteme auf ganz falschen Prinzipien aufgebaut und verbleiben trotz der Bemerkungen der vortrefflichsten Köpfe in ihren beklagenswerten Irrtümern. Ich selbst habe in verschiedenen Schriften [13] gezeigt, daß unsere gegenwärtige Erziehung die Mehrzahl derjenigen, denen sie zuteil geworden, in Feinde der Gesellschaft verwandelt und daß sich aus ihnen eine zahlreiche Gefolgschaft der schlimmsten Arten des Sozialismus rekrutiert

Die erste Gefahr dieser, treffend als „lateinisch" charakterisierten Erziehung besteht darin, daß sie auf dem psychologischen Grundirrtum beruht, die Intelligenz entwickle sich durch Auswendiglernen von Lehrbüchern. Ferner hat man versucht, soviel als möglich zu lehren, und von der Volksschule bis zum Doktorat oder zur Staatsprüfung lernen die jungen Leute nur aus Büchern auswendig, ohne Ausbildung des Urteils und der Initiative. Der Unterricht bedeutet für sie Aufsagen und Gehorchen. „Lektionen lernen, eine Grammatik oder einen Abriß auswendig wissen, gut wiederholen, gut nachahmen," schreibt ein ehemaliger Unterrichtsminister, Jules Simon, „das ist eine seltsame Erziehung, bei der jede Anstrengung nur ein Glaube an die Unfehlbarkeit des Lehrers ist und die uns nur schwächer und unvermögend macht."

Wäre diese Erziehung nur nutzlos, so könnte man sich damit begnügen, die unglücklicheren Kinder zu bedauern, denen man anstatt so vieler für die Elementarschule wichtiger Dinge lieber die Genealogie der Söhne Chlotars, die Kämpfe zwischen Neustrien und Austrasien oder zoologische Klassifikationen beibringt; aber es liegt in ihr eine viel ernstere Gefahr. Sie bewirkt bei jenen, die sie genossen haben, einen starken Ekel vor den Verhältnissen, in denen sie geboren sind, und die heftige Begierde, aus ihnen herauszukommen. Der Handwerker will nicht mehr Handwerker, der Bauer nicht mehr Bauer bleiben und der kleinste Bürgersmann wünscht für seine Söhne keine andere Karriere als die Stelle eines Staatsbeamten. Statt die Menschen für das Leben vorzubereiten, bereitet die Schule sie nur für Staatsämter vor, in denen man reüssieren kann, ohne sich selbst beherrschen oder auch nur einen Schimmer von Initiative haben zu müssen. Am Fuße der Leiter erzeugt sie jene Armeen mit ihrem Lose unzufriedener und stets zu Revolten bereiter Proletarier, oben aber unsere frivole, zugleich skeptische und gläubige Bourgeoisie mit ihrem abergläubischen Vertrauen zur Staatsvorsehung, die sie gleichwohl unaufhörlich bekrittelt, indem sie stets ihre eigenen Fehler der Regierung in die Schuhe schiebt und unfähig ist, etwas ohne die Intervention der Autorität zu unternehmen.

Der Staat, der alle seine Diplomierten mittels Handbüchern fabriziert, kann deren nur wenige verwenden und läßt die anderen ohne Beschäftigung. Er muß also die einen ernähren und die anderen zum Feinde haben. Von der Höhe bis zur Basis der sozialen Pyramide, vom einfachen Beamten bis zum Professor oder Präfekten bestürmt heute die riesige Masse der Diplomierten die verschiedenen Ämter. Während ein Kaufmann nur schwer einen Vertreter in den Kolonien findet, werden die bescheidensten Stellen von tausenden Kandidaten angestrebt. Das Seinedepartement allein zählt 20000 beschäftigungslose Lehrer und Lehrerinnen, die in Verachtung von Feld und Werkstatt sich an den Staat um Existenz wenden. Da die Anzahl der Erwählten beschränkt ist, so muß die der Unzufriedenen ungeheuer sein. Diese letzteren sind zu allen Revolutionen bereit, gleichgültig wer die Führer und welches die Ziele derselben sind. Der Erwerb von Kenntnissen, für die man keine Verwendung finden kann, ist ein sicheres Mittel, um aus dem Menschen einen Empörer zu machen. [14]

Es ist offenbar zu spät, zu den Quellen einer solchen Strömung zurückzugehen; die Erfahrung allein, die letzte Erzieherin der Völker, wird uns unseren Irrtum zeigen. Sie allein wird mächtig genug sein, um die Notwendigkeit des Ersatzes unserer abscheulichen Handbücher, unserer kläglichen Prüfungen durch einen professionellen Unterricht zu beweisen, der fähig ist, die Jugend zu den Feldern, zu den Werkstätten, zu den kolonialen Unternehmungen zurückzuführen, die sie heutzutage um jeden Preis zu vermeiden sucht.

Dieser professionelle Unterricht, den alle aufgeklärten Geister jetzt fordern, ist jener, den einst unsere Väter empfingen und den die Völker, welche heute die Welt durch ihren Willen, ihre Initiative, ihren Unternehmungsgeist beherrschen, sich zu bewahren gewußt haben. Auf den beachtenswerten Seiten, deren wesentlichste Stellen ich weiter unten anführen werde, hat ein großer Denker, Taine, klar gezeigt, daß unsere Erziehung von ehemals ungefähr das war, was heute die englische oder amerikanische Erziehung ist, und er hat in einer beachtenswerten Parallele zwischen dem lateinischen und dem angelsächsischen System die Folgen der beiden Methoden ins hellste Licht gerückt.

Vielleicht könnte man zur Not noch alle Unzuträglichkeiten unserer klassischen Bildung hinzunehmen geneigt sein, selbst wenn sie nur Deklassierte und Unzufriedene machte, wenn nur der oberflächliche Erwerb so vieler Kenntnisse und das vollkommene Hersagen so vieler Lehrbücher das Niveau der Intelligenz heben wurde. Ist das aber wirklich der Fall? Ach nein! Bedingungen des Erfolges im Leben sind Urteil, Erfahrung, Initiative, Charakter — die Bücher bieten nichts davon. Die Bücher sind nützliche Nachschlagewerke, und es ist durchaus unnütz, lange Fragmente aus ihnen im Kopfe zu behalten.

Wie der professionelle Unterricht die Intelligenz in einem Ausmaße, das der klassischen Erziehung ganz und gar versagt ist, entfalten kann, das zeigt uns Taine ausgezeichnet.

„Die Ideen bilden sich nur in ihrem natürlichen und normalen Milieu. Ihre Keime werden genährt durch die unzähligen Wahrnehmungseindrücke, die der junge Mann täglich in der Werkstatt, im Bergwerk, bei Gericht, in der Schreibstube, auf der Schiffswerft, im Spital, beim Anblick der Werkzeuge, Materialien und Operationen, in der Gegenwart der Kunden, der Arbeiter, der Arbeit, des schlecht oder recht ausgeführten, kostspieligen oder lukrativen Unternehmens empfängt. Dies sind die kleinen Sonderwahrnehmungen der Augen, des Ohres, der Hände und auch des Geruches, die unwillkürlich empfangen und unwissentlich verarbeitet werden und sich in ihm organisieren, so daß sie ihm früher oder später die und die neue Kombination, Vereinfachung, Ersparung, Vervollkommnung oder Erfindung eingeben. Aller dieser kostbaren Kontakte, aller dieser assimilierbaren und unentbehrlichen Elemente ist der junge Franzose beraubt, und zwar gerade im fruchtbaren Alter; sieben oder acht Jahre hindurch sitzt er in einer Schule eingesperrt, fern von unmittelbarer, persönlicher Erfahrung, die ihm einen genauen und lebendigen Begriff von den Dingen, den Menschen und von den verschiedenen Weisen ihrer Behandlung gegeben hätte."

„ (...) Wenigstens neun unter zehn haben ihre Zeit und Mühe, mehrere Jahre ihres Lebens, und zwar fruchtbare, wichtige, ja entscheidende Jahre, verloren. Man denke zunächst an die Hälfte oder zwei Drittel jener, die zur Prüfung gehen, ich meine die Abgewiesenen; ferner unter den Zugelassenen, Graduierten, Diplomierten noch die Hälfte oder zwei Drittel, nämlich die Überarbeiteten. Man hat von ihnen zu viel verlangt, indem man ihnen zumutete, an einem bestimmten Tage auf einem Stuhle oder vor einer Tafel zwei Stunden hindurch in einem Zweige der Wissenschaft lebende Repertorien allen menschlichen Wissens darzustellen. Sie sind dies an diesem Tage, zwei Stunden lang wirklich so ziemlich gewesen, aber sie sind es nicht mehr nach einem Monat, sie könnten die Prüfung nicht aufs neue bestehen;

ihre zu zahlreichen und zu drückenden Erwerbungen entgleiten unaufhörlich ihrem Geiste, und sie machen keine neuen. Ihre Geisteskraft hat nachgelassen, der befruchtende Saft ist vertrocknet, der erwachsene Mensch erscheint, und es ist oft der fertige Mensch. Ist dieser in seinem Berufe und verheiratet, so ist er darauf gefaßt, sich immerfort in demselben Kreise zu bewegen und verschanzt sich in seinem beschränkten Amte, das er korrekt ausfüllt, ohne aber das geringste darüber hinaus zu tun. Dies ist aber der Durchschnittsertrag; gewiß hält die Einnahme der Ausgabe nicht das Gleichgewicht. In England und Amerika, oder wie einst vor 1870 auch in Frankreich, ist bei umgekehrtem Verfahren die Einnahme gleich oder größer."

Der berühmte Historiker zeigt uns dann den Unterschied zwischen unserem und dem angelsächsischen System. Die Angelsachsen haben nicht unsere zahllosen Spezialschulen, der Unterricht wird bei ihnen nicht mittels Büchern, sondern mittels der Dinge selbst erteilt. Der Techniker z. B. bildet sich in einer Fabrik, niemals in einer Schule; dadurch kann jeder den Grad erreichen, den seine Intelligenz ermöglicht, als Arbeiter oder Werkmeister, wenn er nicht weiter kommt, als Ingenieur, wenn er dazu fähig ist. Es ist das ein Verfahren, das ganz anders demokratisch und nützlich ist, als die Laufbahn eines Menschen von einer im Alter von 18 bis 20 Jahren abgelegten mehrstündigen Prüfung abhängig zu machen.

„Im Spital, im Bergwerk, in der Fabrik, beim Architekten, beim Anwalt macht der in jungen Jahren zugelassene Schüler seine Lehr- und Probezeit durch, ungefähr wie bei uns ein Schreiber in seinem Büro oder ein Malschüler im Atelier. Vorläufig und vor seinem Eintritt konnte er einige allgemeine, summarische Kurse hören, um einen Rahmen zu haben, dem er die von ihm zu machenden Beobachtungen einfügen kann. Je nach seiner Fassungskraft kann er oft technische Kurse in seiner freien Zeit besuchen, um seine täglichen Erfahrungen methodisch zu verknüpfen. Bei einer derartigen Ordnung wächst und entwickelt sich die praktische Fähigkeit von selbst, gerade bis zu dem Maße, welches durch die Anlagen des Schülers gegeben ist, und in der Richtung, welche seine künftige Beschäftigung, die besondere Arbeit, der er sich von nun an widmen will, erfordert. Auf diese Weise kommt in England und in den Vereinigten Staaten der junge Mann rasch dazu, allen Gehalt, der in ihm ist, aus sich zu ziehen. Mit 25 Jahren und früher, wenn er die Voraussetzungen dazu hat, ist er nicht bloß ein nützlicher Arbeiter, sondern auch ein selbständiger Unternehmer, nicht nur ein Triebwerk, sondern noch mehr ein Motor. — In Frankreich, wo das umgekehrte Verfahren geherrscht hat und mit jeder Generation chinesischer wird, ist die Summe der verlorenen Kräfte eine riesige."

Der bedeutende Denker gelangt zu folgendem Ergebnis betreffs des zunehmenden Mißverhältnisses zwischen unserer Erziehung und dem Leben:

„Auf den drei Stufen der Erziehung für die Kindheit, das Knaben- und Jünglingsalter ist die theoretische Vorbereitung auf der Schulbank und aus Büchern verlängert und überhäuft worden, im Hinblick auf das Examen, den Grad, das Diplom und das Patent und durch die schlechten Mittel, die Anwendung einer widernatürlichen und antisozialen Methode, die übermäßige Hinausschiebung der praktischen Lehre, durch das Internat, die künstliche Begeisterung und die mechanische Anwendung, durch die Überarbeitung ohne

Berücksichtigung der Zukunft, des Mannesalters und der Mannesarbeit, mit Vernachlässigung der realen Welt, in der der junge Mensch bald leben wird, der ihn umschließenden Gesellschaft, der er sich anpassen muß, will er nicht von vornherein auf alles verzichten, des menschlichen Daseinskampfes, für den er zur Verteidigung und Aufrechterhaltung vorläufig gerüstet, gewappnet, geübt, abgehärtet sein muß. Diese unentbehrliche Ausrüstung, dieser Erwerb, der wichtiger ist als jeder andere, diese Tüchtigkeit des gesunden Menschenverstandes, des Willens und der Nerven: in unseren Schulen werden sie nicht gewonnen. Im Gegenteil, statt den Menschen zu qualifizieren, machen sie ihn untauglich für seine künftige, definitive Stellung. Nach dem Austritt aus der Schule sind sein Eintritt in die Welt und seine ersten Schritte auf dem Felde des praktischen Wirkens sehr oft nur eine Reihe schmerzlicher Niederlagen, von denen er verwundet und für eine lange Zeit zermürbt, verkrüppelt zurückbleibt. Es ist eine harte und gefährliche Probe, bei der das geistige und sittliche Gleichgewicht erschüttert wird und Gefahr läuft, nicht wieder hergestellt zu werden. Die Täuschung ist da zu jäh und zu vollkommen; die Enttäuschung war zu stark und der Ekel zu groß". [15]

Sind wir im vorstehenden von der Massenpsychologie abgekommen? Gewiß nicht. Wollen wir die Ideen und Überzeugungen, die hier heute keimen und morgen aufgehen werden, verstehen, so müssen wir wissen, wie der Boden dazu vorbereitet ward. Der Unterricht, den die Jugend eines Landes genießt, läßt uns erkennen, was dieses Land einst sein wird. Die Erziehung, welche der gegenwärtigen Generation zuteil wird, rechtfertigt die düstersten Ahnungen. Hand in Hand mit dem Unterrichte und der Erziehung verbessert oder verschlechtert sich die Massenseele. Es war daher notwendig, zu zeigen, wie das gegenwärtige System sie gemodelt hat und wie die Masse der Indifferenten und Neutralen allmählich zu einer riesigen Armee Unzufriedener geworden ist, die bereit ist, allen Suggestionen der Utopisten und Rhetoren zu folgen. In der Schule bilden sich heute die Unzufriedenen und Anarchisten, und hier bereiten sich für die lateinischen Völker die künftigen Zeiten des Niederganges vor.

2. Kapitel.
Direkte Faktoren der Anschauungen der Massen.

Wir haben die entfernten und vorbereitenden Faktoren aufgesucht, welche der Massenseele eine besondere Empfänglichkeit verleihen, indem sie bei ihr das Aufsprießen gewisser Gefühle und Ideen ermöglichen. Es erübrigt uns nun jetzt, die Faktoren zu studieren, die unmittelbar zu wirken vermögen. In einem anderen Kapitel werden wir sehen, wie diese Faktoren zu benutzen sind, damit sie alle ihre Wirkungen erzielen können.

In dem ersten Teile dieses Werkes studierten wir die Gefühle, Ideen und Gedankengänge der Gesamtheiten. Aus dieser Erkenntnis ließen sich offenbar die Mittel der Beeinflussung der Massenseele in allgemeiner Weise gewinnen. Wir wissen bereits, was auf die Einbildungskraft der Massen Eindruck macht, kennen die Macht und Ansteckungskraft der Suggestionen, besonders jener, die in bildhafter Form auftreten. Da aber die Suggestionen sehr verschiedenen Ursprung haben können, so können auch die Faktoren, die auf die Massenseele zu wirken vermögen, recht verschieden sein; man muß sie daher gesondert betrachten. Und das ist kein nutzloses Studium. Die Massen gleichen ein wenig der Sphinx der alten Fabel: man muß das Problem, welches ihre Psychologie uns bietet, lösen oder darauf gefaßt sein, von ihnen verzehrt zu werden.

§ 1. Bilder, Worte und Formeln.

Bei dem Studium der Massenphantasie fanden wir, sie werde namentlich durch Bilder erregt. Nicht immer stehen einem diese Bilder zur Verfügung, aber man kann sie durch sinnreiche Anwendung von Worten und Formeln hervorrufen. Kunstvoll gehandhabt, besitzen sie wirklich die geheimnisvolle Macht, die ihnen einst die Adepten der Magie zuschrieben. Sie rufen in der Massenseele die furchtbarsten Stürme hervor und können sie auch besänftigen. Mit den Knochen von Menschen, die das Opfer der Macht der Worte und Formeln waren, könnte man eine viel höhere Pyramide als die des Cheops aufbauen.

Die Macht der Worte knüpft sich an die durch sie hervorgerufenen Bilder und ist völlig unabhängig von ihrer wahren Bedeutung. Oft sind jene Worte, deren Sinn ganz unbestimmt ist, die wirkungsvollsten. So z. B. die Ausdrücke Demokratie, Sozialismus, Gleichheit, Freiheit u. a., deren Sinn so vage ist, daß dicke Bände nicht ausreichen, ihn zu bestimmen. Und doch ist es sicher, daß sich eine wahrhaft magische Macht an ihre kurzen Silben heftet, wie wenn sie die Lösung aller Probleme enthielten. Sie sind eben die Synthese der verschiedensten unbewußten Erwartungen und der Hoffnung auf deren Verwirklichung.

Mit Vernunft und Argumenten kann man gegen gewisse Worte und Formeln nicht ankämpfen. Man spricht sie mit Andacht vor den Massen aus, und sogleich werden die Mienen respektvoll und die Köpfe neigen sich. Von vielen werden sie als Naturkräfte oder als übernatürliche Mächte betrachtet. Sie rufen in den Seelen grandiose und vage Bilder hervor, aber eben das Vage, das sie verwischt, vermehrt ihre magische Gewalt. Sie lassen sich mit jenen furchtbaren Gottheiten vergleichen, die hinter dem Allerheiligsten verborgen sind und denen man sich nur mit Zittern nähert.

Da die durch die Worte hervorgerufenen Bilder unabhängig von deren Sinn sind, so wechseln sie mit dem Alter, mit den Völkern bei Identität der Formulierung. An bestimmte Worte heften sich vorübergehend bestimmte Bilder; das Wort ist nur der Hebel, der sie erscheinen läßt.

Nicht alle Worte und Formeln besitzen die Macht, Bilder hervorzurufen, und es gibt solche, die nach der Evokation sich abnutzen und in der Seele nichts mehr erwecken. Sie bleiben dann bloße Schalle, deren Hauptnutzen darin besteht, jenen, die von ihnen Gebrauch machen, das Denken zu ersparen. Mit einem kleinen Vorrat von Formeln und Gemeinplätzen, die wir in der Jugend erlernten, besitzen wir alles, was man braucht, um ohne die ermüdende Notwendigkeit, über irgend etwas nachdenken zu müssen, durchs Leben zu gehen.

Betrachtet man eine bestimmte Sprache, so sieht man, daß die Wörter, aus denen sie sich zusammensetzt, sich im Laufe der Zeit ziemlich langsam verändern. Aber unaufhörlich verändern sich die Bilder, die sie hervorrufen, oder der Sinn, der sich an sie heftet, und daher bin ich in einer anderen Schrift zu dem Schlusse gekommen, daß, besonders bei toten Sprachen, die vollkommene Übersetzung aus einer Sprache völlig unmöglich ist. Was tun wir denn in Wirklichkeit, wenn wir einen lateinischen, griechischen oder Sanskrit-Ausdruck durch einen französischen ersetzen, oder auch, wenn wir nur ein in unserer eigenen Sprache geschriebenes Buch, das 200 bis 300 Jahre alt ist, verstehen wollen? Wir substituieren einfach die Bilder und Vorstellungen, die das moderne Leben unserem Bewußtsein eingefügt hat, den total verschiedenen Begriffen und Bildern, die das antike Leben in der Seele von Rassen erzeugte, deren Lebensbedingungen keine Analogie mit den unseren aufweisen. Was taten die Menschen der Revolutionszeit, als sie die Griechen und Römer nachzuahmen glaubten, anderes, als daß sie alten Worten einen von ihnen niemals gehabten Sinn gaben. Was war demnach eine Republik anderes als eine wesentlich aristokratische, aus einer Vereinigung kleiner Despoten gebildete Institution — von Despoten, die eine in der absolutesten Unterwürfigkeit gehaltene Sklavenmasse beherrschten? Diese auf Sklaverei begründeten kommunalen Aristokratien hätten ohne jene nicht einen Augenblick bestehen können.

Und das Wort „Freiheit": wie konnte es in einer Zeit, da die Möglichkeit der Denkfreiheit nicht einmal noch geahnt ward, und wo es keine größere und seltenere Schandtat gab, als über die Götter, die Gesetze und die Sitten des Staates zu raisonnieren, dem, was wir heute darunter verstehen, Ähnliches bedeuten? Ein Wort wie „Vaterland" — was bedeutete es in der Seele eines Atheners oder Spartaners, wenn nicht die Verehrung Athens oder Spartas, keineswegs aber Griechenlands, das aus rivalisierenden

Stadtstaaten bestand und stets im Kriege lag. Dasselbe Wort — welche Bedeutung hatte es bei den in rivalisierende Stämme von verschiedener Rasse, Sprache und Religion gegliederten alten Galliern, die Cäsar leicht besiegte, weil er unter ihnen stets Verbündete besaß? Rom allein gab Gallien ein Vaterland, indem es ihm die politische und religiöse Einheit gab. Ohne so weit zurückzugehen, bloß kaum zwei Jahrhunderte zurück: glaubt man, das Wort „Vaterland" sei von französischen Fürsten, die, wie der große Condé, sich mit fremden gegen den eigenen Herrscher verbanden, in seiner jetzigen Bedeutung verstanden worden? Und hatte dasselbe Wort nicht auch einen ganz anderen als den heutigen Sinn für die Emigranten, die den Gesetzen der Ehre zu gehorchen glaubten, wenn sie Frankreich bekämpften, und die von ihrem Standpunkte jenen tatsächlich gehorchten, da das Lehnsgesetz den Vasallen dem Lehnsherrn und nicht dem Lande verband und dort, wo der Herr war, auch das wahre Vaterland sich befand?

Zahlreich sind die Wörter, deren Bedeutung sich im Laufe der Zeit so wesentlich geändert hat und die wir ihrem alten Sinne nach nur mit großen Anstrengungen zu verstehen vermögen. Mit Recht hat man gesagt, es bedürfe vieler Lektüre, um nur zu begreifen, was für unsere Urgroßeltern Wörter wie „der König" und „die Königliche Familie" bedeuteten. Wie steht es erst mit noch komplizierteren Ausdrücken!

Die Wörter haben also nur veränderliche und vorübergehende Bedeutungen, die mit den Zeiten und Völkern wechseln. Wollen wir mittels ihrer auf die Masse wirken, so muß man den Sinn kennen, den sie für diese im gegebenen Augenblicke haben, nicht aber jenen, den sie einst besaßen oder den sie für Menschen von ganz anderer geistiger Beschaffenheit besitzen können.

Wenn also die Massen nach einem politischen Umsturz oder nach einem Glaubenswechsel eine tiefe Antipathie gegen die durch bestimmte Worte ausgelösten Bilder erworben haben, so ist die erste Aufgabe des wahren Staatsmannes die, die Ausdrücke zu ändern, wohlverstanden ohne an die Dinge selbst zu rühren, da diese zu sehr an eine ererbte Geistesverfassung gebunden sind, als daß sie geändert werden könnten. Der geistreiche Tocqueville hat vor langem schon bemerkt, daß die Arbeit des Konsulats und des Kaisertums besonders darin bestand, die Mehrzahl der Institutionen der Vergangenheit mit neuen Ausdrücken zu bekleiden, d. h. die Ausdrücke, welche in der Phantasie der Massen verhaßte Bilder hervorriefen, durch andere zu ersetzen, deren Neuheit dies verhinderte. Die „Taille" wurde zur Grundsteuer, die „Gabelle" zur Salzsteuer, die Verbrauchssteuer zu indirekten Steuern und Gefallen, die Meister- und Zunfttaxe zur Gewerbesteuer, usw.

Eine der wichtigsten Funktionen der Staatsmänner besteht demnach in der Umtaufung der Dinge, welche die Massen mit ihren alten Ausdrücken nicht ertragen können, mit populären oder wenigstens neutralen Namen. So groß ist die Macht der Worte, daß man die verhaßtesten Dinge nur mit gutgewählten Namen zu versehen braucht, um sie den Massen annehmbar zu machen. Taine bemerkt richtig, daß die Jakobiner durch Anrufung der Namen der Freiheit und Brüderlichkeit, die damals sehr populär waren, „einen des Königreichs Dahomey würdigen Despotismus, ein der Inquisition gleiches Tribunal, Menschenhekatomben gleich denen des alten Mexiko bewirken konnten." Wie die advokatorische, so besteht auch die Regierungskunst besonders darin, daß man die Worte zu meistern versteht. Eine große Schwierigkeit in dieser Kunst ist die, daß dieselben Wörter in derselben Gesellschaft sehr oft für die verschiedenen sozialen Schichten ganz verschiedene Bedeutung haben, Sie gebrauchen scheinbar dieselben Wörter, sprechen aber niemals dieselbe Sprache.

Wir haben in den voranstehenden Beispielen als Hauptfaktor des Bedeutungswandels der Wörter besonders die Zeit dargetan. Bei Heranziehung auch der Rasse würden wir aber sehen, daß zur selben Zeit bei gleichzivilisierten Völkern verschiedener Rasse dieselben Wörter häufig ganz verschiedenen Vorstellungen entsprechen. Man kann diese Unterschiede nicht ohne zahlreiche Reisen verstehen, und ich will daher nicht bei ihnen verweilen. Ich beschränke mich auf die Bemerkung, daß gerade die von den Massen am meisten gebrauchten Wörter bei den verschiedenen Völkern die verschiedenste Bedeutung haben. So z. B. die Ausdrücke „Demokratie" und „Sozialismus", die heute so im Schwange sind.

Sie entsprechen in der Tat ganz anderen Vorstellungen und Bildern in den lateinischen als in den angelsächsischen Seelen. Bei den Lateinern bedeutet das Wort Demokratie besonders das Zurücktreten des Willens und der Initiative des Individuums vor der der Staatsgemeinschaft. Der Staat soll immer alles leisten, alles zentralisieren, monopolisieren und fabrizieren. An ihn appellieren beständig alle Parteien ohne Ausnahmen: Radikale, Sozialisten, Monarchisten. Bei den Angelsachsen, namentlich den Amerikanern, bedeutet dasselbe Wort im Gegenteil die intensive Entfaltung des Willens und der Individualität, das möglichste Zurücktreten des Staates, den man mit Ausnahme der Polizei, des Heeres und der diplomatischen Beziehungen nichts leiten läßt, nicht einmal den Unterricht. Dasselbe Wort also, welches bei dem einen Volke das Zurücktreten des Willens und der Initiative des Individuums sowie die Vorherrschaft des Staates bedeutet, bedeutet bei dem anderen die starke Entfaltung dieses Willens, dieser Initiative und das völlige Zurücktreten des Staates [16], hat also einen absolut konträren Sinn.

§ 2. Die Illusionen.

Seit der Morgenröte der Kultur waren die Massen allezeit dem Einflusse der Illusionen ausgesetzt. Den Erzeugern von Illusionen haben sie die meisten Tempel, Statuen und Altäre errichtet. Religiöse Illusionen in der Vorzeit, philosophische und soziale Illusionen in der Gegenwart — stets finden sich diese furchtbaren Herrscherinnen an der Spitze aller Zivilisationen, die nacheinander auf unserem Planeten blühten. In ihrem Namen stiegen die Tempel Chaldäas und Ägyptens, die Kirchenbauten des Mittelalters empor, in ihrem Namen ward ganz Europa vor einem Jahrhundert umgestürzt, und nicht eine einzige unserer künstlerischen, politischen oder sozialen Anschauungen gibt es, die nicht ihren mächtigen Stempel tragt. Oft schüttelt sie der Mensch um den Preis furchtbarer Umwälzungen ab, aber er scheint dazu verdammt, sie immer wieder aufzurichten. Ohne sie hätte er die primitive Barbarei nicht verlassen können, und ohne sie würde er ihr wieder bald verfallen. gewiß sind es leere Schatten, aber diese Töchter unserer Träume haben die Völker gezwungen, alles das, was den Glanz der Künste und die Größe der Zivilisationen macht, zu schaffen.

„Würde man alle Werke und Kunstdenkmäler, zu welchen die Religionen die Inspiration gegeben, in den Museen und Bibliotheken zerstören und auf den Fliesen der Kirchenplätze zertrümmern, was bliebe von den großen Träumen der Menschheit zurück? Den Menschen den Teil von Hoffnung und Illusionen, ohne die sie nicht leben können, zu geben, darin besteht die Berechtigung der Götter, Heroen und Dichter. Fünfzig Jahre lang schien die Wissenschaft diese Funktion zu erfüllen. Was sie aber bei den nach dem Ideal dürstenden Gemütern kompromittiert hat, ist, daß sie nicht mehr genug zu verheißen wagt und nicht genug zu lügen vermag."

Die Philosophen des vergangenen Jahrhunderts widmeten sich mit Eifer der Zerstörung der religiösen, politischen und sozialen Illusionen, von denen unsere Völker viele Jahrhunderte lang gelebt hatten. Durch ihre Zerstörung haben sie die Quellen der Hoffnung und der Resignation vertrocknet. Hinter den geopferten Chimären fanden sie die blinden und tauben Naturkräfte; unerbittlich der Schwäche gegenüber, kennen sie kein Mitleid.

Die Philosophie hat es bei allen ihren Fortschritten noch nicht vermocht, den Massen ein Ideal darzubieten, das sie reizen könnte; da diese aber um jeden Preis Illusionen haben müssen, so wenden sie sich, wie die Motte zum Licht, instinktiv den Rhetoren zu, die ihnen solche bieten. Der große Faktor der Völkerentwicklung war niemals die Wahrheit, sondern stets der Irrtum. Und wenn heute der Sozialismus so mächtig ist, so erklärt sich dies daraus, daß er die einzige noch lebende Illusion darstellt. Trotz aller wissenschaftlichen Demonstrationen wächst er weiter. Seine Hauptstärke ist, daß er von Leuten verteidigt wird, welche die Wirklichkeit der Dinge genug verkennen, um es zu wagen, den Menschen kühn das Glück zu versprechen. Die soziale Illusion herrscht heute auf allen aufgetürmten Ruinen der Vergangenheit, und ihr gehört die Zukunft. Niemals empfanden die Massen den Wahrheitsdurst. Von den ihnen mißfallenden Tatsachen wenden sie sich ab und ziehen es vor, den Irrtum zu vergöttern, wenn er sie verführt. Wer sie zu illusionieren vermag, wird leicht ihr Herr; wer sie zu desillusionieren sucht, wird stets ihr Opfer.

§ 3. Die Erfahrung.

Die Erfahrung ist so ziemlich das einzige wirksame Mittel, um der Massenseele eine Wahrheit fest einzupflanzen und zu gefährlich gewordene Illusionen zu zerstören. Dabei muß die Erfahrung noch auf einer breiten Basis ruhen und oft wiederholt werden. Die von einer Generation gesammelten Erfahrungen sind im allgemeinen für die nächste nutzlos; daher nützt es nichts, historische Tatsachen als Beweismomente aufzuführen. Ihr einziger Nutzen ist, darzutun, bis zu welchem Maße die Erfahrungen in jedem Zeitalter wiederholt werden müssen, um irgend einen Einfluß zu gewinnen und auch nur einen Irrtum, der in der Massenseele fest wurzelt, auszurotten.

Unser und das vorangehende Jahrhundert werden von den Historikern der Zukunft zweifellos als eine Ära sonderbarer Erfahrungen zitiert werden. Kein Zeitalter hat ihrer so viele aufzuweisen.

Die gewaltigste dieser Erfahrungen war die französische Revolution. Um zu entdecken, daß eine Gesellschaft nicht mit den Mitteln reiner Vernunft neu organisiert wird, mußten einige Millionen Menschen hingeschlachtet und ganz Europa durch 20 Jahre erschüttert werden. Um uns aus der Erfahrung zu beweisen, daß die Cäsaren den ihnen zujauchzenden Völkern teuer zu stehen kommen, bedurfte es innerhalb 50 Jahre zweier verderblicher Erfahrungen, die trotz ihrer Klarheit nicht genug überzeugend gewesen zu sein scheinen. Gleichwohl kostete die erste drei Millionen Menschen und eine Invasion, die zweite eine Zerstücklung und die Notwendigkeit stehender Heere. Eine dritte wäre vor kurzem beinahe gemacht worden und wird eines Tages sicherlich gemacht werden. Um einem ganzen Volke zu zeigen, daß das riesige deutsche Heer nicht, wie dies vor 1870 gelehrt wurde, eine Art harmloser Nationalgarde [17] bedeutete, war der schreckliche Krieg, der uns so viel gekostet hat, nötig. Um zu erkennen, daß der Protektionismus die ihm huldigenden Völker ruiniert, wird es wenigstens 20 Jahre unheilvoller Erfahrungen brauchen. Diese Beispiele ließen sich ins Unendliche vervielfachen.

§ 4. Die Vernunft.

Bei der Aufzählung der Faktoren, welche imstande sind, die Massenseele zu erregen, könnte man sich die Erwähnung der Vernunft ersparen, wenn es nicht notwendig wäre, den negativen Wert ihres Einflusses anzuführen.

Wir haben bereits gezeigt, daß die Massen durch logische Argumente nicht beeinflußbar sind und daß sie nur große Ideenassoziationen begreifen. Daher wenden sich denn auch die Redner, die auf sie Eindruck zu machen verstehen, stets an ihr Gefühl, niemals an ihre Vernunft. Die Gesetze der Logik haben keinen Einfluß auf sie [18]. Um die Massen zu überzeugen, muß man sich zunächst volle Rechenschaft betreffs der Gefühle, die sie beseelen, geben; man muß sich den Anschein geben, daß man sie teilt, sodann sie zu modifizieren suchen, indem man in ihnen mittels rudimentärer Assoziationen gewisse recht suggestive Bilder hervorruft; ferner muß man im Bedarfsfalle seine Bemühungen wiederholen und vor allem die Gefühle, die man erweckt, erraten. Diese Notwendigkeit, je nach der Wirkung in dem Augenblick, in dem man spricht, seine Sprache beständig zu ändern, macht jede einstudierte und vorbereitete Rede von vornherein bedeutungslos; denn dann folgt der Redner seinen eigenen, nicht den Gedanken seiner Zuhörer, und schon dadurch wird sein Einfluß vollkommen zunichte.

Die logischen Köpfe, die gewohnt sind, durch ziemlich knappe Schlußketten überzeugt zu werden, halten sich unwillkürlich an diese Methode, wenn sie sich an die Massen wenden, und sind stets durch das Fehlschlagen ihrer Argumente überrascht. „Die gewöhnlichen mathematischen Konsequenzen," sagt ein Logiker, „die auf den Syllogismus, d. h. auf Identitätsassoziationen sich gründen, sind notwendig (...) Die Notwendigkeit derselben würde selbst die Zustimmung einer anorganischen Masse erzwingen, könnte diese nur den Identitätsassoziationen folgen." Gewiß; aber die Menge ist ebensowenig wie die anorganische Masse imstande, ihnen zu folgen oder auch nur sie zu verstehen. Man möge den Versuch machen, primitive Geister, Wilde oder Kinder z. B., auf logische Weise zu überzeugen, und man wird einsehen, welchen geringen Wert diese Argumentationsweise besitzt.

Man braucht nicht einmal bis zu den primitiven Wesen zurückzugehen, um die völlige Ohnmacht der Logik im Kampfe mit den Gefühlen zu begreifen. Erinnern wir uns nur daran, wie hartnäckig viele Jahrhunderte hindurch die der einfachsten Logik widersprechenden religiösen Vorurteile sich gehalten haben. Fast 2000 Jahre lang beugten sich die erleuchtetsten Geister unter ihre Gesetze, und erst in der neuesten Zeit konnte ihre Wahrheit bestritten werden. Es gab im Mittelalter und in der Renaissancezeit genug aufgeklärte Köpfe, aber keinen, dem die Logik die kindischen Seiten seines Aberglaubens zeigte und in dem sie auch nur einen leisen Zweifel an den Streichen des Teufels oder an der Notwendigkeit der Hexenverbrennung erregte.

Ist es zu bedauern, daß die Massen niemals von der Vernunft geleitet werden? Ich möchte es nicht behaupten. Der menschlichen Vernunft wäre es zweifellos nicht gelungen, die Menschheit mit der Glut und der Kühnheit, mit der ihre Chimären sie fortgerissen haben, auf die Bahnen der Zivilisation zu führen. Töchter des uns leitenden Unbewußten, waren diese Chimären sicherlich notwendig. Jede Rasse birgt in ihrer Geistesverfassung die Gesetze ihres Geschicks, und vielleicht sind es diese Gesetze, denen sie sogar in ihren scheinbar unvernünftigen Impulsen vermöge eines unbesieglichen Instinkts gehorcht. Oft scheinen die Völker geheimen Kräften unterworfen zu sein, jenen analog, die die Eichel zur Umformung in die Eiche, den Kometen zur Einhaltung seiner Bahn zwingen.

Das wenige, was wir von diesen Kräften erkunden können, muß auf dem allgemeinen Wege der Entwicklung eines Volkes, nicht aber in den isolierten Tatsachen, aus denen diese Evolution sich zuweilen zu ergeben scheint, gesucht werden. Würde man diese isolierten Tatsachen betrachten, so erschiene diese Geschichte von unwahrscheinlichen Zufällen beherrscht. Unwahrscheinlich war es, daß ein unwissender Zimmermann aus Galiläa zweitausend Jahre hindurch zu einem allmächtigen Gott werden konnte, in dessen Namen die bedeutendsten Zivilisationen begründet wurden; unwahrscheinlich auch, daß einige arabische Horden, die ihre Wüste verließen, den größten Teil der alten griechisch-römischen Welt zu erobern vermochten; unwahrscheinlich endlich, daß in einem sehr gealterten und sehr hierarchisierten Europa ein obskurer Artillerieleutnant es zuwege brachte, über eine Masse von Völkern und Königen zu herrschen,

Überlassen wir also die Vernunft den Philosophen, aber verlangen wir nicht von ihr, in der Regierung der Menschen eine zu große Rolle zu spielen. Nicht vermöge, sondern sehr oft trotz der Vernunft sind Gefühle wie Ehre, Entsagung, religiöser Glaube, Ruhmes- und Vaterlandsliebe, bis heute die großen Quellen aller Kultur, entstanden.

3. Kapitel.
Die Führer der Massen und ihre Überzeugungsmittel.

Die Geistesverfassung der Massen ist uns jetzt bekannt, und wir kennen nun auch die Kräfte, die auf ihre Seele zu wirken vermögen. Wir haben nun zu untersuchen, wie diese Antriebe anzuwenden und durch wen sie mit Nutzen in Tätigkeit zu setzen sind.

§ 1. Die Führer der Massen.

Sobald lebende Wesen in einer gewissen Anzahl vereinigt sind, einerlei ob eine Herde Tiere oder eine Menschenmenge, stellen sie sich instinktiv unter die Autorität eines Oberhauptes.

In den menschlichen Massen ist das wirkliche Oberhaupt oft nur ein Führer, der aber als solcher eine beträchtliche Rolle spielt. Sein Wille ist der Kern, um den sich die Anschauungen bilden und identifizieren. Er bildet das erste Organisationselement heterogener Massen und bereitet ihre sektenmäßige Organisation vor. Einstweilen leitet er sie. Die Masse ist eine folgsame Herde, die nie ohne Herrn zu leben vermag.

Sehr oft war der Führer zuerst ein Geführter. Er selbst war von der Idee, deren Apostel er später wurde, hypnotisiert worden. Sie hat ihn so sehr erfüllt, daß neben ihr alles verschwand und daß ihm nun jede gegensätzliche Anschauung als Irrtum und Aberglaube erscheint. So verhält es sich z. B. mit Robespierre, der, von den philosophischen Ideen Rousseaus hypnotisiert, sich zu ihrer Verbreitung der Mittel der Inquisition bediente.

Meist sind die Führer nicht Denker, sondern Männer der Tat. Sie sind von geringem Scharfblick und können nicht anders sein, da der Scharfblick im allgemeinen zum Zweifel und zur Untätigkeit führt. Sie rekrutieren sich namentlich aus jenen Nervösen, Reizbaren, Halbverrückten, die an der Grenze des Irrsinns sich befinden. So absurd auch die von ihnen verfochtene Idee oder das von ihnen verfolgte Ziel sein mag, gegen ihre Überzeugung wird alle Logik zunichte. Verachtung und Verfolgung stört sie nicht oder erregt sie nur noch mehr. Persönliches Interesse, Familie, alles wird geopfert. Sogar der Selbsterhaltungstrieb ist bei ihnen ausgeschaltet, so sehr, daß die einzige Belohnung, die sie oft anstreben, das Martyrium ist. Die Stärke ihres Glaubens verleiht ihren Worten eine große suggestive Macht. Die Menge ist stets bereit, denjenigen anzuhören, der einen starken, imponierenden Willen besitzt. Die zu Massen vereinigten Menschen büßen allen Willen ein und wenden sich instinktiv an den Besitzer eines solchen.

An Führern hat es den Völkern nie gefehlt, aber sie müssen alle von jenen starken Überzeugungen beseelt sein, welche den Apostel machen. Oft sind es subtile Rhetoren, die nur ihre Eigeninteressen verfolgen und durch Schmeichelung niedriger Instinkte zu überreden suchen. Der von ihnen geübte Einfluß kann sehr groß sein, bleibt aber stets ephemer. Die großen überzeugten, welche die Massenseele erhoben haben, wie Peter der Einsiedler, Luther, Savonarola, die Revolutionsmänner, faszinierten erst, nachdem sie selbst durch einen Glauben fasziniert worden. Dann freilich konnten sie in den Seelen jene furchtbare Macht, die da Glauben heißt und den Menschen zum völligen Sklaven seines Traumes macht, erzeugen.

Glauben erzeugen, sei es religiöser, politischer oder sozialer Glaube, Glaube an eine Person oder an eine Idee, das ist die besondere Rolle der großen Führer, und das ist der Grund, warum ihr Einfluß immer beträchtlich ist. Von allen der Menschheit zur Verfügung stehenden Kräften war der Glaube allezeit eine der stärksten, und mit Recht schreibt ihm das Evangelium die Macht zu, Berge zu versetzen. Dem Menschen einen Glauben schenken heißt, seine Kraft verzehnfachen. Die großen geschichtlichen Ereignisse wurden von obskuren Gläubigen, die nichts für sich als ihren Glauben hatten, ins Leben gerufen. Nicht durch Gelehrte und Philosophen, besonders nicht durch Skeptiker sind die großen Religionen, welche die Welt beherrscht haben und die riesigen Reiche, die sich von einer Hemisphäre zur anderen erstreckten, geschaffen worden.

In Beispielen dieser Art handelt es sich jedoch um große Führer, die so selten auftreten, daß die Geschichte deren Zahl leicht bestimmen kann. Sie bilden den Gipfel einer ununterbrochenen Reihe, anfangend mit jenen mächtigen führenden Geistern bis herunter zum Arbeiter, der in einer rauchigen Wirtsstube seine Genossen langsam fasziniert, indem er unaufhörlich einige von ihm nicht verstandene Formeln wiederkäut, deren Anwendung nach ihm die Verwirklichung aller Träume und Hoffnungen sicher herbeiführen soll.

In allen sozialen Schichten, den höchsten wie den niedrigsten, fällt der Mensch, sobald er nicht mehr isoliert ist, bald dem Gesetz eines Führers anheim. Die meisten Menschen, besonders die zur Volksmenge gehörigen, haben außer ihrem Berufskreis von nichts eine klare und richtige Vorstellung. Sie sind nicht imstande, sich selbst zu leiten; so dient ihnen der Führer als Leiter. Er kann zur Not, aber nur unzureichend, durch jene periodischen Druckschriften ersetzt werden, welche für ihre Leser Meinungen fabrizieren und ihnen jene Phrasen darbieten, welche alles Denken ersparen.

Die Autorität der Führer ist äußerst despotisch und verdankt nur diesem Despotismus ihre Geltung. Es ist oft bemerkt worden, wie leicht sie sich bei den unruhigsten Arbeiterschichten Gehorsam verschaffen, obzwar sie keinerlei Stütze für ihre Autorität haben. Sie bestimmen die Zahl der Arbeitsstunden, die Lohnhöhe, entscheiden über Streiks, lassen sie zu bestimmten Stunden beginnen und beenden.

Heute haben die Führer die Tendenz, in zunehmendem Maße die öffentlichen Gewalten zu ersetzen, umso mehr, als diese sich bestreiten und schwächen lassen. Die Tyrannei dieser neuen Herren bewirkt, daß die Massen ihnen viel leichter folgen als irgendwelcher Regierung. Verschwindet durch irgendeinen Unfall der Führer, ohne sogleich Ersatz zu finden, so wird die Masse wieder eine zusammenhangs- und widerstandslose Menge. Während eines Streiks der Pariser Omnibusangestellten genügte die Verhaftung der zwei Anführer, die ihn leiteten, um ihm sofort ein Ende zu bereiten. Nicht das Freiheits-, sondern das Dienstbedürfnis ist es, was stets in der Massenseele herrscht. Die Massen haben solchen Durst zu gehorchen, daß sie sich jedem, der sich zu ihrem Herrn ernennt, instinktiv unterordnen.

Innerhalb der Führerklassen läßt sich eine ziemlich scharfe Schnittlinie ziehen. Zu der einen gehören die energischen, willensstarken, aber nicht ausdauernden Menschen; zur anderen, die viel seltener ist als die andere, die Menschen eines starken und langen Willens. Die ersteren sind heftig, tapfer, kühn. Sie taugen besonders zur Leitung eines Handstreichs, die Massen trotz der Gefahr mitzureißen und die jungen Rekruten in Helden zu verwandeln. So waren z. B. im ersten Kaiserreich Ney und Murat. So auch, zu unserer Zeit, Garibaldi, ein talentloser, aber energischer Abenteurer, dem es gelang, mit einer Handvoll Menschen sich des ehemaligen Königreichs Neapel zu bemächtigen, obwohl es von einer disziplinierten Armee verteidigt ward.

Die Energie dieser Führer ist zwar gewaltig, aber vorübergehend und überdauert nicht den Reiz, dem sie entsprang. Ist der Held in den Strom des gewöhnlichen Lebens zurückgetaucht, so bekundet er, der früher so feurig war, die erstaunlichste Schwäche. Er erscheint unfähig, in den einfachsten Verhältnissen nachzudenken und sich richtig zu verhalten, da er doch vorerst die anderen so gut zu leiten verstand. Es sind Führer, die ihre Funktion nur unter der Bedingung ausüben können, daß sie selbst beständig geführt und angetrieben werden, stets einen Menschen oder eine Idee über sich haben, einer scharf gezogenen Verhaltenslinie folgen.

Die zweite Kategorie der Führer, die der Menschen von langem Willen, übt trotz ihrer weniger glänzenden Formen einen erheblicheren Einfluß aus. In ihr finden sich die echten Stifter von Religionen oder großer Werke: Paulus, Mohammed, Kolumbus, Lesseps. Mögen sie intelligent oder beschränkt sein, stets wird die Welt für sie sein. Der Dauerwille, den sie besitzen, ist eine unendlich seltene und mächtige Eigenschaft, vor der sich alles beugt. Man ist nicht immer im klaren darüber, was ein starker und stetiger Wille vermag; nichts widersteht ihm, weder die Natur, noch die Götter, noch die Menschen.

Das jüngste Beispiel dafür, was ein starker und stetiger Wille vermag, hat uns der berühmte Mann gegeben, der zwei Kontinente voneinander trennte und den 3000 Jahre hindurch von den größten Herrschern unternommenen Versuch durchführte. Er scheiterte später an einem gleichartigen Unternehmen, aber er war damals schon alt, und im Alter erlischt alles, auch der Wille.

Will man dartun, was der bloße Wille vermag, so braucht man nur die Geschichte der Schwierigkeiten, die bei der Grabung des Suezkanals zu überwinden waren, mit allen Details zu erzählen. Ein Augenzeuge, Doktor Cazalis, hat in einigen ergreifenden Zeilen die Ausführung dieses Riesenwerkes, wie dessen unsterblicher Urheber sie darlegte, zusammengefaßt.

„Er erzählte Tag für Tag, in Episoden, die Epopöe des Kanals, Er erzählte alles, was er zu überwinden hatte, alles Unmögliche, das er möglich gemacht, alle Widerstände, die Koalitionen gegen ihn, die Bitterkeiten, Unfälle, Schlappen, die ihn nicht zu entmutigen und zu lähmen vermochten; er gedachte Englands, das ihn unaufhörlich bekämpfte und angriff, Ägyptens und Frankreichs, welche zögerten, des französischen Konsuls, der sich mehr als die anderen seinen Arbeiten widersetzte, und wie man ihm sich entgegenstellte, indem man den Arbeitern das Trinkwasser verweigerte; ferner des Marineministeriums und der Ingenieure, alles ernste, erfahrene, wissenschaftlich gebildete Menschen, alle naturgemäß feindselig und alle von dem Fehlschlagen, das sie berechneten und in Aussicht stellten, wie man eine Sonnenfinsternis für einen bestimmten Tag oder eine bestimmte Stunde voraussagt, theoretisch überzeugt."

Das Buch, welches das Leben aller dieser großen Führer zu schildern hatte, würde nicht viele Namen enthalten, aber diese Namen ständen an der Spitze der wichtigsten Kultur- und Geschichtsereignisse.

§ 2. Die Wirkungsmittel der Führer: Behauptung, Wiederholung, Übertragung.

Handelt es sich darum, eine Masse für den Augenblick mitzureißen und sie zu bestimmen, irgend eine Tat zu begehen, etwa einen Palast zu plündern, sich zur Verteidigung eines befestigten Platzes oder einer Barrikade töten zu lassen, so muß man mittels rascher Suggestionen auf sie wirken, deren stärkste das Beispiel ist. Dazu gehört aber, daß die Masse schon durch gewisse Umstände vorbereitet ist und besonders, daß derjenige, der sie fortreißen will, die Eigenschaft besitzt, die ich weiter unten unter dem Namen des Prestige untersuchen werde.

Handelt es sich jedoch um das Einflößen von Ideen und Glaubenssätzen in die Massenseelen, z. B. der modernen sozialen Lehren, so gehen die Führer anders vor. Sie bedienen sich hauptsächlich dreier sehr bestimmter Verfahrensweisen: der Behauptung, der Wiederholung und der Übertragung. Die Wirkung derselben ist eine sehr langsame, aber ihre Folgen sind dafür sehr dauerhaft.

Die reine, einfache, aller Vernünftelei und alles Beweises bare Behauptung ist eines der sichersten Mittel, um der Massenseele eine Idee einzuflößen. Je bestimmter eine Behauptung, je freier sie von allem Scheine von Beweisen und Demonstrationen ist, desto autoritativer ist sie. Die religiösen Schriften und die Gesetzbücher aller Zeiten haben sich stets einfacher Behauptungen bedient. Die Staatsmänner, die zur Verfechtung einer politischen Angelegenheit berufen werden, die Industriellen, die ihre Produkte durch Inserate verbreiten, kennen den Wert der Behauptung.

Die Behauptung hat aber nur dann wirklichen Einfluß, wenn sie ständig wiederholt wird, und zwar möglichst mit denselben Worten. Ich glaube, es war Napoleon, der gesagt hat, es gebe nur eine ernsthafte rhetorische Figur: die Wiederholung. Durch diese befestigt sich das Wiederholte so sehr in den Köpfen, daß es schließlich als eine bewiesene Wahrheit angenommen wird.

Man versteht den Einfluß der Wiederholung auf die Massen wohl, wenn man sieht, welche Macht sie über die aufgeklärtesten Geister hat. Diese Macht kommt daher, weil das Wiederholte sich schließlich in den tiefen Regionen des Unbewußten einlagert, wo die Motive unserer Handlungen ihr Spiel treiben. Nach einiger Zeit wissen wir nicht mehr, wer der Urheber der wiederholten Behauptung ist, und schließlich glauben wir daran. Daher die erstaunliche Kraft des Inserats. Haben wir hundert-, tausendmal gelesen, die beste Schokolade sei die Schokolade X., so bilden wir uns ein, wir hatten dies von vielen Seiten gehört und sind dessen schließlich gewiß. Haben wir tausendmal gelesen, das Y-Pulver habe die bedeutendsten Persönlichkeiten von den hartnäckigsten Krankheiten geheilt, so fühlen wir uns endlich, wenn wir selbst an einem derartigen Übel erkranken, versucht, es zu probieren. Lesen wir täglich in derselben Zeitung, A sei ein ausgemachter Schuft und B ein Ehrenmann, so glauben wir es schließlich, wenigstens, wenn wir nicht ein Blatt anderer Richtung lesen, wo die Qualifikationen entgegengesetzt sind. Die Behauptung und die

Wiederholung allein sind mächtig genug, um einander bekämpfen zu können.

Bei genügender Wiederholung einer Behauptung und Einmütigkeit der Wiederholung, wie das ja bei gewissen bekannten finanziellen Unternehmungen der Fall war, die reich genug waren, alle Mitbewerbung zu kaufen, bildet sich das, was man eine geistige Strömung nennt, und der mächtige Mechanismus der Übertragung tritt ins Spiel. Bei den Massen haben die Ideen, Gefühle, Affekte, Glaubenssätze eine so starke Ansteckungskraft wie die der Mikroben. Es ist das ein durchaus natürliches Phänomen, welches man schon bei den in Massen vereinigten Tieren bemerkt. Das Zucken eines Pferdes im Stalle wird bald von den anderen Pferden desselben Stalles nachgeahmt. Eine Panik, die wirre Bewegung einiger Schafe greift bald auf die ganze Herde über. Bei den in Massen vereinigten Menschen werden alle Affekte sehr rasch ansteckend, wodurch sich die Plötzlichkeit von Paniken erklärt.

Gehirnstörungen, wie der Wahnsinn, sind ebenfalls ansteckend. Es ist bekannt, wie häufig der Irrsinn bei den Psychiatern auftritt. In jüngster Zeit wurde auch von Irrsinnsformen, z. B. der Platzangst, berichtet, welche vom Menschen auf Tiere übertragen werden.

Die Übertragung erfordert nicht die gleichzeitige Anwesenheit von Individuen an demselben Orte, sie kann auch in der Distanz erfolgen, unter dem Einfluß gewisser Ereignisse, durch die alle Geister nach derselben Richtung orientiert werden und die Sondermerkmale der Masse erhalten, besonders wenn die Geister durch die von mir erwähnten mittelbaren Faktoren vorbereitet sind. So hat sich z. B. der von Paris ausgegangene Revolutionsausbruch von 1848 in jäher Weise auf einen großen Teil Europas erstreckt und verschiedene Monarchien erschüttert.

Die Nachahmung, der man so großen Einfluß auf die sozialen Phänomene zugeschrieben hat, ist in Wahrheit nur die einfache Wirkung der Übertragung. Da ich deren Einfluß anderwärts gezeigt habe, so beschränke ich mich auf die Wiederholung dessen, was ich vor mehr als 20 Jahren sagte, und was seitdem von anderen Autoren in neuen Schriften ausgeführt wurde:

„Gleich den Tieren ist der Mensch von Natur ein nachahmendes Geschöpf. Die Nachahmung ist für ihn Bedürfnis, nämlich dann, wenn dieselbe ganz leicht ist. Dieses Bedürfnis ist es, was die Macht dessen, was wir Mode heißen, bewirkt. Handle es sich nun um Meinungen, Ideen, literarische Äußerungen oder einfach um Kleider — wie viele wagen es, sich ihrer Herrschaft zu entziehen? Nicht mit Argumenten, sondern durch Vorbilder leitet man die Massen. Es gibt in jeder Epoche eine kleine Anzahl von Individualitäten, welche ihre Handlungsweise aufzwängen, die die Masse unbewußt nachahmt. Aber diese Individualitäten dürfen sich nicht allzuweit von den überkommenen Ideen entfernen. Die Nachahmung derselben wäre dann zu schwer, und ihr Einfluß wäre null. Eben aus diesem Grunde haben die ihrer Zeit zu sehr überlegenen Menschen keinerlei Einfluß auf sie; der Abstand ist zu groß. Aus demselben Grunde haben die Europäer trotz aller Vorteile ihrer Kultur einen so unbedeutenden Einfluß auf die Völker des Orients, von denen sie zu sehr abweichen."

„Die vereinigte Wirksamkeit der Vergangenheit und der gegenseitigen Nachahmung macht alle Menschen desselben Landes und desselben Zeitalters schließlich so sehr ähnlich, daß selbst bei jenen, die dem am meisten sich doch entziehen sollten, bei Philosophen, Gelehrten, Literaten, Gedanke und Stil eine Familienähnlichkeit besitzen, durch die man sofort die Zeit, der sie angehören, erkennt. Man braucht nicht lange mit jemandem zu reden, um seine Lektüre, seine regelmäßige Beschäftigung und das Milieu, in dem er lebt, genau zu erkennen [19]."

So mächtig ist die Übertragung, daß sie den Individuen nicht bloß bestimmte Anschauungen, sondern auch bestimmte Gefühlsweisen aufzwingt. Die Übertragung ist der Grund, warum ein Zeitalter gewisse Werke, z. B. die Oper Tannhäuser, mißachtete, die einige Jahre später von eben ihren Verächtern bewundert werden.

Namentlich vermittels des Mechanismus der Übertragung, niemals aber mittels der Vernunft verbreiten sich die Anschauungen und Überzeugungen der Massen. Im Wirtshause befestigen sich durch Behauptung, Wiederholung und Übertragung die heutigen Begriffe der Arbeiter, und der Glaube der Massen aller Zeiten ist nicht anders gezeitigt worden.

Treffend vergleicht Renan die Begründer des Christentums mit den „sozialistischen Arbeitern, welche ihre Ideen im Wirtshause verbreiten". Und schon Voltaire hat betreffs der christlichen Religion bemerkt, „mehr als 100 Jahre lang habe ihr nur der niedrigste Pöbel angehangen".

Man wird bemerken, daß in Beispielen, wie ich sie anführte, die Übertragung nach ihrer Geltendmachung in den Volksschichten zu den oberen Gesellschaftsschichten vordringt. Wir sehen dies gegenwärtig bei den sozialistischen Lehren, welche jetzt auch jene ergreifen, die doch bestimmt sind, deren erste Opfer zu werden. So kräftig ist der Mechanismus der Ansteckung, daß vor ihm selbst das Eigeninteresse schwindet.

Daher zwingt sich jede populär gewordene Anschauung schließlich immer mit großer Gewalt den höchsten sozialen Schichten auf, so offenbar auch die Unsinnigkeit der sieghaften Anschauung sein mag. Dies bedeutet eine Reaktion der niederen sozialen Schichten gegen die oberen, die um so merkwürdiger ist, als die Anschauungen der Massen stets einer höheren Idee entspringen, die in ihrer Geburtsstätte oft einflußlos gewesen war. Die von dieser höheren Idee begeisterten Führer bemächtigen sich ihrer, entstellen sie und begründen eine Sekte, die sie aufs neue entstellt und sie sodann im Schoße der sie immer weiter entstellenden Massen verbreitet. Einmal eine populäre Wahrheit geworden, geht sie auf irgendeine Weise zu ihrer Quelle zurück und wirkt dann auf die oberen Volksschichten. Zuletzt ist es wohl die Intelligenz, was die Welt leitet, aber sie leitet sie wahrlich von weitem. Lange sind schon die Philosophen, welchen die Ideen ihren Ursprung verdanken, Staub geworden, wenn vermittels des beschriebenen Mechanismus ihr Gedanke schließlich triumphiert.

§ 3. Das Prestige.

Was besonders dazu beiträgt, den durch Behauptung, Wiederholung und Ansteckung verbreiteten Ideen eine sehr große Macht zu verleihen, ist dies, daß sie zuletzt jene geheimnisvolle Gewalt erlangen, die das Prestige heißt.

Alles, was in der Welt geherrscht hat, Ideen oder Menschen, hat sich hauptsächlich durch diese unwiderstehliche Kraft, die das Wort „Prestige" bezeichnet, durchgesetzt. Es ist ein Ausdruck, dessen Sinn wir erfassen, den man aber in zu mannigfacher Weise anwendet, als daß er sich leicht definieren ließe. Das Prestige verträgt gewisse Gefühle, wie Bewunderung oder Furcht, es beruht sogar auf ihnen, kann aber sehr wohl ohne sie bestehen. Am meisten Prestige haben die Toten, also Wesen, die wir nicht fürchten, wie Alexander, Cäsar, Mohammed, Buddha. Anderseits gibt es Wesen oder Gebilde, die wir nicht bewundern, z. B. die gräßlichen Gottheiten der unterirdischen Tempel Indiens, die uns aber mit einem großen Prestige behaftet erscheinen.

Das Prestige ist in Wahrheit eine Art Herrschaft, die ein Individuum, ein Werk oder eine Idee über uns übt. Sie lähmt all unsere Fähigkeit zur Kritik und erfüllt unsere Seele mit Staunen und Achtung. Wie jedes Gefühl ist auch das hier auftretende unbeschreibbar, es dürfte aber derselben Art sein wie die Faszination bei einem Hypnotisierten. Das Prestige ist die mächtigste Quelle aller Herrschaft; ohne diese hatten die Götter, die Könige, die Frauen niemals herrschen können.

Die verschiedenen Arten des Prestige lassen sich auf zwei Grundformen zurückführen: das erworbene und das persönliche Prestige. Das erstere ist jenes, das Name, Reichtum, Ansehen verleihen; es kann vom persönlichen Prestige unabhängig sein. Das letztere ist im Gegenteil etwas Individuelles, was mit Ansehen, Ruhm, Reichtum zusammen bestehen oder durch sie verstärkt werden, aber auch sehr wohl ohne sie bestehen kann.

Das erworbene oder künstliche Prestige ist bei weitem am verbreitetsten. Die bloße Tatsache, daß jemand eine gewisse Stellung einnimmt, ein gewisses Vermögen besitzt, gewisse Titel führt, verleiht ihm ein Prestige, so gering auch sein persönlicher Wert sein mag. Ein Soldat in Uniform, ein Beamter in der roten Robe hat immer ein Prestige. Pascal hat die Notwendigkeit von Talar und Perücke für die Richter treffend bemerkt; ohne sie würden sie dreiviertel ihrer Autorität einbüßen. Der grimmigste Sozialist wird stets durch den Anblick eines Fürsten oder Marquis bewegt, und man braucht nur einen solchen Titel anzunehmen, um einen Kaufmann beliebig zu begaunern. [20]

Das Prestige, von dem ich eben sprach, ist das von Personen ausgeübte. Man kann ihm das Prestige zur Seite stellen, welches Anschauungen, literarische oder Kunstwerke usw. ausüben. Es beruht nur auf akkumulierter Wiederholung. Da die Geschichte, besonders die Literatur- und Kunstgeschichte, nur die Wiederholung derselben Urteile ist, die niemand zu kontrollieren versucht, so wiederholt schließlich jeder das in der Schule Gelernte, und es gibt Namen und Dinge, an die niemand zu rühren wagt. Für einen modernen Leser sind die Homerischen Epen unleugbar sehr langweilig, wer traut sich aber, dies zuzugestehen? Das Parthenon ist in seinem gegenwärtigen Zustande eine uninteressante Ruine, aber es besitzt ein solches Prestige, daß man es nur mit seinem ganzen Umkreise historischer Erinnerungen ansieht. Es ist die Eigentümlichkeit des Prestige, daß es verhindert, die Dinge so zu sehen, wie sie sind, und daß es alle unsere Urteile paralysiert. Die Massen haben stets, die Individuen sehr oft das Bedürfnis völlig fertiger Anschauungen betreffs jedes Gegenstandes. Der Erfolg dieser Anschauungen ist unabhängig von dem Wahrheits- oder dem Irrtumsbestandteil, den sie enthalten, er hängt einzig und allein von ihrem Prestige ab.

Ich komme nun zu dem persönlichen Prestige. Es hat eine ganz andere Beschaffenheit als das künstliche oder erworbene Prestige, mit dem wir es zu tun hatten. Es ist eine von allem Titel, aller Autorität unabhängige Eigenschaft, die nur wenige Personen besitzen, vermöge deren sie einen wahrhaft magnetischen Zauber auf ihre Umgebung auszuüben vermögen, auch wenn dieselbe aus sozial Gleichgestellten besteht, die sich von ihnen in keiner Weise beherrschen lassen.

Sie flößen ihnen ihre Gedanken und Gefühle ein, und man gehorcht ihnen, wie das wilde Tier dem Bändiger gehorcht, den es doch so leicht verschlingen könnte. Die großen Führer der Massen, wie Buddha, Jesus, Mohammed, Jeanne d'Arc, Napoleon, haben diese Art des Prestige in hohem Maße besessen und haben sich besonders durch dieses zur Geltung gebracht. Götter, Heroen und Dogmen setzen sich durch, ohne Gegenstand der Diskussion zu sein; sobald sie dies werden, büßen sie ihre Macht ein.

Die von mir angeführten großen Persönlichkeiten besaßen ihre Faszinationsgewalt schon ehe sie berühmt waren und wären ohne sie nicht berühmt geworden. Es ist z. B. klar, daß Napoleon auf dem Gipfel seiner Macht schon durch seine bloße Macht ein ungeheures Prestige besaß, aber er besaß es schon zum Teile in der Zeit, da er noch keinerlei Gewalt hatte und völlig unbekannt war. Als er, ein unbekannter General, durch Protektion zum Befehlshaber der italienischen Armee ernannt worden war, geriet er in die Mitte ihm unfreundlicher Generale, die sich anschickten, dem ihnen vom Direktorium aufgezwungenen jungen Eindringling einen abstoßenden Empfang zu bereiten. Aber von der ersten Minute, von der ersten Begegnung an, ohne daß es irgendwelcher Phrasen, Gesten, Drohungen bedurfte, beim ersten Anblick des künftigen großen Mannes waren sie zahm. Taine gibt uns nach zeitgenössischen Memoiren einen interessanten Bericht über diese Zusammenkunft:

„Die Divisionäre, unter anderen Augereau, ein tapferer und großer Haudegen, der auf seine hohe Statur und seine Tapferkeit stolz war, kommen ins Hauptlager, voreingenommen gegen den kleinen Emporkömmling, den man ihnen aus Paris sendet. Durch die Schilderung seiner Person ist Augereau in einer feindseligen Stimmung und von vornherein widerspenstig: ein Günstling Barras', ein General vom Vendémiaire, ein Straßengeneral, den man wie einen Bären betrachtet, weil er stets allein nachdenkt, ein kleines Gesicht, mit einem Ruf als Mathematiker und Träumer. Sie werden eingelassen, Bonaparte läßt auf sich warten. Endlich erscheint er, den Degen umgeschnallt; er bedeckt sein Haupt, setzt seine Dispositionen auseinander, gibt ihnen seine Ordres und verabschiedet sie. Augereau ist stumm geblieben, erst draußen faßt er sich und findet seine gewöhnlichen Flüche wieder; er kommt mit Massena darüber überein, dieser kleine Teufelskerl von General habe ihm Furcht eingeflößt; er kann die Gewalt nicht verstehen, durch die er sich auf den ersten Blick zerschmettert fühlte."

Nachdem er ein großer Mann geworden, nimmt sein Prestige den höchsten Glanz an und wird dem einer Gottheit für ihre Verehrer mindestens gleich. General Vandamme, ein revolutionärer, brutalerer und energischerer Haudegen als Augereau, sagte zum Marschall d'Ornano, als sie im Jahre 1815 zusammen die Tuilerientreppe hinaufstiegen:

„Mein Lieber, dieser Teufelskerl fasziniert mich in einer Weise, die ich nicht begreife. Das geht so weit, daß ich, der ich weder Gott noch Teufel fürchte, wenn ich mich ihm nähere, fast wie ein Kind zu zittern beginne, und er würde mich durch ein Nadelöhr ins Feuer gehen lassen."

Den gleichen Zauber übte Napoleon auf alle, die sich ihm näherten, aus. [21]

Davoust sagte, als er von seiner und Marets Ergebenheit sprach: „Wenn der Kaiser uns beiden sagte: Die Interessen meiner Politik erfordern die Zerstörung von Paris, ohne daß es jemand erfährt und die Stadt verläßt, so würde, dessen bin ich sicher, Maret das Geheimnis wahren; immerhin würde er es so weit verletzen, daß er seine Familie zum Verlassen der Stadt brächte. Ich aber würde, aus Furcht, es zu verraten, Weib und Kinder darin lassen."

An diese erstaunliche Macht der Faszination muß man denken, will man jene wunderbare Rückkehr von der Insel Elba, jene schnelle Eroberung Frankreichs durch einen isolierten Mann, der alle organisierten Kräfte eines Landes gegen sich hatte, das man für seiner Tyrannei müde hatte halten können, begreifen. Er brauchte die zu seiner Ergreifung ausgesandten Generäle, die geschworen hatten, ihn zu ergreifen, nur anzublicken; alle unterwarfen sich ihm ohne Bedenken.

„Napoleon", schreibt General Wolseley, „landet fast allein in Frankreich, als ein Flüchtling der kleinen Insel Elba, die sein Reich bildete, und bringt es zuwege, in wenigen Wochen ohne Blutvergießen die gesamte Machtorganisation des von seinem legitimen König beherrschten Frankreich umzustoßen; hat die persönliche Gewalt eines Menschen sich je wunderbarer bekundet? Wie erstaunlich ist aber die Gewalt, die er von Anfang bis zum Ende dieser seiner letzten Kampagne auch über die Alliierten, die er seiner Initiative zu folgen zwang, ausübte, und wieviel fehlte, so hätte er sie zerschmettert!"

Sein Prestige überlebte ihn und wuchs noch mehr. Es machte aus seinem unbekannten Neffen einen Kaiser. Angesichts der heutigen Erneuerung seiner Legende sieht man, wie mächtig dieser große Schatten noch ist. Mißhandelt die Menschen, so viel ihr wollt, schlachtet sie millionenweise ab, macht eine Invasion nach der anderen, alles ist euch gestattet, wenn ihr ein genügendes Maß von Prestige und das zu dessen Aufrechterhaltung nötige Talent besitzt.

Ich habe hier sicherlich ein ganz exzeptionelles Beispiel des Prestige herangezogen, das aber dienlich war, um das Werden der großen Religionen, Lehren und Reiche verständlich zu machen. Dieses Werden ist ohne die Macht des Prestige über die Masse unverständlich.

Aber das Prestige gründet sich nicht bloß auf das persönliche Ansehen, den militärischen Ruhm und die religiöse Furcht, es kann einen bescheidenen Ursprung haben und doch noch beträchtlich sein. Das 19. Jahrhundert kann uns dafür mehrere Beispiele liefern. Ein sehr prägnantes Beispiel, woran die Nachwelt in verschiedenen Zeiten erinnert wird, gibt die Geschichte des berühmten Mannes, der das Antlitz der Erde und die Handelsbeziehungen der Völker änderte, indem er zwei Erdteile voneinander schied. Sein Unternehmen gelang ihm dank seinem ungeheuren Willen, aber auch dank dem Zauber, den er auf seine ganze Umgebung ausübte. Um die einmütige Gegnerschaft, die er vorfand, zu besiegen, brauchte er sich nur zu zeigen. Er sprach eine Weile, und die Gegner wurden durch den von ihm ausgehenden Reiz zu seinen Anhängern. Die Engländer bekämpften sein Projekt besonders wütend; er brauchte nur in England zu erscheinen, um alle Stimmen für sich zu gewinnen. Als er in der Folge durch Southampton kam, lauteten die Glocken auf seinem Wege, und heute befaßt sich England damit, ihm ein Denkmal zu errichten. Nachdem er alles, Menschen und Dinge, besiegt hatte, glaubte er nicht mehr an Hindernisse und wollte Suez in Panama erneuern. Aber er war alt geworden, und außerdem versetzt der Berge versetzende Glaube diese nur dann, wenn sie nicht zu hoch sind.

Die Berge widerstanden, und die folgende Katastrophe zerstörte die leuchtende Ruhmesgloriole, die den Helden umgab. Sein Leben lehrt, wie das Prestige wachsen und vergehen kann.

Nachdem er den größten Helden der Geschichte an Ruhm gleichgekommen, ward er von der Obrigkeit seines Landes auf das Niveau des gemeinsten Verbrechers herabgedrückt. Nach seinem Tode wurde sein Sarg allein durch die gleichgültigen Massen hindurch getragen. Bloß die Herrscher des Auslandes zollten seinem Andenken Ehre, als einem der größten Männer, den die Geschichte je gekannt hatte. [22]

Aber die verschiedenen bisher zitierten Beispiele stellen extreme Formen dar. Zur detaillierten Begründung der Psychologie des Prestige müßten sie an das Ende einer Reihe gestellt werden, die von den Religions- und Staatenbegründern bis zu den Spießbürgern reicht, welche ihren Nachbarn durch ein neues Kleid oder eine Dekoration zu imponieren suchen.

Zwischen die entferntesten Glieder dieser Reihe hätte man alle Arten des Prestige auf den verschiedenen Kulturgebieten: Wissenschaft, Kunst, Literatur usw. zu stellen, und man würde dann sehen, daß es das Grundelement der Überzeugung bildet. Bewußt oder unbewußt wird das mit dem Prestige behaftete Wesen — Mensch, Idee oder Gegenstand — durch Ansteckung nachgeahmt, und es flößt einer ganzen Generation gewisse Gefühlsweisen und Arten des Gedankenausdrucks ein. Meist ist die Nachahmung unbewußt, und das gerade macht sie vollkommen. Die modernen Maler, welche die blassen Farben und starren Haltungen gewisser Primitiver erneuern, haben keine Ahnung von der Quelle ihrer Inspiration; sie glauben so sehr an ihre Ursprünglichkeit, daß, wenn nicht ein hervorragender Meister diese Kunstform erneuert hätte, man an ihr nur die naiven und untergeordneten Seiten weiter bemerkt hätte. Jene, welche nach dem Muster eines berühmten Meisters ihre Leinwand mit violetten Schatten bedecken, sehen in der Natur um nichts mehr violett, als man es vor 50 Jahren sah, sie sind aber durch persönlichen, besonderen Eindruck eines Malers suggestioniert, der trotz dieser Schrulle ein großes Prestige zu erlangen wußte. Auf allen Kulturgebieten lassen sich derartige Beispiele leicht anführen.

Aus dem Vorstehenden ist zu ersehen, daß an der Entstehung des Prestige zahlreiche Faktoren beteiligt sein können. Einer der bedeutendsten von ihnen war allezeit der Erfolg. Jeder Mensch, der Erfolg hat, jede Idee, die zur Geltung kommt, wird schon dadurch anerkannt. Der Beweis, daß der Erfolg eine der wesentlichsten Grundlagen des Prestige ist, wird dadurch geliefert, daß das letztere fast stets mit dem ersteren schwindet. Der von der Masse am Vorabend umjubelte Held wird, wenn er Unglück gehabt hat, am andern Morgen von ihr verhöhnt. Je größer das

Prestige war, desto lebhafter die Reaktion. Die Masse betrachtet dann den gefallenen Helden als ihresgleichen und rächt sich dafür, daß sie sich vor der ihm nun nicht mehr zuerkannten Überlegenheit gebeugt hat. Als Robespierre seinen Kollegen und einer großen Zahl seiner Zeitgenossen den Kopf abschneiden ließ, besaß er ein riesiges Prestige. Als aber eine Verschiebung weniger Stimmen ihn seiner Macht beraubte, verlor er dieses Prestige sogleich, und die Masse folgte ihm zur Guillotine mit ebenso vielen Verwünschungen als den Tag vorher seinen Opfern. Stets zertrümmern die Gläubigen die Statuen ihrer ehemaligen Götter voller Wut.

Das durch Mißerfolg geschwundene Prestige ist jäh dahin. Es kann sich auch, aber langsamer, durch Bestreitung abnützen, und das sicher: Das bestrittene Prestige ist kein Prestige mehr.

Die Götter und Menschen, die ihr Prestige lang zu bewahren wußten, haben eine Erörterung nie geduldet. Wer von den Massen bewundert sein will, muß sie stets in Distanz halten.

4. Kapitel.

Grenzen der Veränderlichkeit der Anschauungen und Überzeugungen der Massen.

§ 1. Die festen Überzeugungen.

Es besteht ein genauer Parallelismus zwischen den morphologischen Merkmalen der Wesen und ihren psychologischen Merkmalen. In den morphologischen Merkmalen finden sich gewisse unveränderliche Elemente, die so wenig veränderlich sind, daß zu ihrem Wandel geologische Perioden nötig sind, und neben diesen festen, ursprünglichen finden sich sehr wandelbare Merkmale, die durch das Milieu, die Kunst des Züchters und des Gärtners leicht abgeändert werden, oft so sehr, daß sie dem oberflächlichen Beobachter die Grundmerkmale verbergen.

Der gleichen Erscheinung begegnen wir bei den geistigen Merkmalen. Neben den ursprünglichen psychischen Elementen einer Rasse finden sich wandelbare und wechselnde Elemente. Das ist der Grund, warum wir bei der Untersuchung der Überzeugungen und Anschauungen eines Volkes stets einen sehr festen Grund finden, auf den Anschauungen gepfropft sind, die ebenso flüchtig wie der den Felsen bedeckende Sand sind.

Die Überzeugungen und Anschauungen der Massen bilden demnach zwei wohlgeschiedene Klassen. Zu der einen gehören die ständigen Grundideen, welche mehrere Jahrhunderte währen und auf denen eine ganze Kultur beruht; so z. B. in der Vorzeit der feudale Gedanke, die christlichen Ideen, der Reformationsgedanke, in der Gegenwart das Nationalitätsprinzip, die demokratischen und sozialen Ideen. Zur anderen gehören die wechselnden Ansichten des Augenblicks, die meist aus allgemeinen Gedanken sich herleiten und die mit jedem Zeitalter erstehen und vergehen; so z. B. die Theorien, welche in bestimmten Zeiten Kunst und Literatur beherrschen, wie jene, denen die Romantik, der Naturalismus, der Mystizismus usw. entsprungen sind. Sie sind meist so oberflächlich wie die Mode und wechseln wie diese. Es sind die Wellen, die auf der Oberfläche eines tiefen Sees unaufhörlich kommen und gehen.

Die Zahl der allgemeinen Grundideen ist nicht groß. Ihr Entstehen und Vergehen bildet die Höhepunkte in der

Geschichte jener historischen Rasse. Sie bilden das eigentliche Gerüst der Zivilisationen.

Eine flüchtige Anschauung in die Massenseele zu verpflanzen, ist sehr leicht, sehr schwer aber ist dies bei einer dauernden Überzeugung der Fall. Ebenso schwer ist es, die letztere zu zerstören, wenn sie einmal befestigt ist. Oft ist sie nur um den Preis gewaltiger Revolutionen zu ändern. Ja, die Revolutionen haben diese Macht nur, wenn die Überzeugung fast ihre ganze Herrschaft über die Seelen eingebüßt hat. Die Revolutionen dienen dann zur endgültigen Ablegung dessen, was schon ziemlich aufgegeben, aber durch das Joch der Gewohnheit noch nicht gänzlich außer Geltung gekommen war. Die beginnenden Revolutionen sind in Wahrheit verschwindende Überzeugungen.

Der Tag, an dem eine Grundidee zu schwinden bestimmt ist, ist leicht zu erkennen, es ist derjenige, an dem ihr Wert diskutiert zu werden beginnt. Da jede Gesamtüberzeugung nur eine Fiktion ist, so kann sie nur bestehen, wenn sie keiner Prüfung unterzogen wird.

Selbst nach der starken Erschütterung eines Glaubens bewahren die aus ihm abgeleiteten Institutionen ihre Macht und erlöschen nur langsam. Hat er schließlich ihre ganze Gewalt eingebüßt, dann bricht alles von ihm Gestützte bald zusammen. Es war noch keinem Volke gegeben, seine Überzeugungen ändern zu können, ohne dazu verurteilt zu sein, alle Elemente seiner Kultur abzuändern.

Es modifiziert sie so lange, bis es eine neue geltende Gesamtüberzeugung erworben hat, und bis dahin lebt es notgedrungen in Anarchie. Die Gesamtüberzeugungen sind die notwendigen Stützen der Kultur, sie geben den Ideen die

Orientierung. Sie allein erwecken Glauben und begründen die Pflicht.

Stets haben die Völker den Nutzen allgemeiner Überzeugungen empfunden und instinktiv erfaßt, daß das Hinschwinden derselben die Stunde des Niederganges für sie bedeuten würde. Der fanatische Kultus Roms bedeutete für die Römer den Glauben, der sie zu Herren der Welt machte, und als dieser Glaube erstorben war, da mußte Rom sterben. Erst als die Barbaren, welche die römische Zivilisation zerstörten, einige Gesamtüberzeugungen erlangt hatten, bekamen sie einen gewissen Zusammenhalt und konnten aus der Anarchie herauskommen.

Nicht ohne Grund also haben die Völker stets ihre Überzeugungen intolerant verfochten. Diese Intoleranz, die vom philosophischen Standpunkte aus so tadelbar ist, stellt die notwendigste Tugend im Völkerleben dar. Um Gesamtüberzeugungen zu begründen oder aufrechtzuerhalten, hat das Mittelalter so viele Scheiterhaufen errichtet und sind so viele Erfinder und Neuerer verzweifelt gestorben, wenn sie der Folter entgingen. Um solche Überzeugungen zu verteidigen, sind so viele Menschen auf den Schlachtfeldern gestorben und werden dort noch sterben.

Die Begründung einer Gesamtüberzeugung ist sehr schwierig, aber in der Folge ist ihre Macht lange Zeit unüberwindlich, und mag sie auch philosophisch einen Irrtum bedeuten, sie drängt sich auch den erleuchtetsten Geistern auf. Haben nicht die Völker Europas mehr als 15 Jahrhunderte lang religiöse Legenden, die bei näherer Betrachtung ebenso barbarisch [23] wie der Moloch-Mythus sind, als unbestreitbare Wahrheiten betrachtet? Die entsetzliche Unsinnigkeit des Mythus von einem Gotte, der sich für den

Ungehorsam eines seiner Geschöpfe an seinem Sohne mittels furchtbarer Marter rächt, ist viele Jahrhunderte lang nicht bemerkt worden. Die gewaltigsten Geister, ein Galilei, Newton, Leibniz, haben keinen Augenblick die Bestreitbarkeit der Wahrheit solcher Dogmen auch nur vermutet. Nichts zeigt schlagender die durch Gesamtüberzeugungen bewirkte Hypnose, aber auch nichts zeigt besser die beschämenden Grenzen unseres Geistes.

Sobald der Menschenseele ein neues Dogma eingepflanzt ist, inspiriert es die Institutionen, die Künste und das Verhalten der Menge. Die von ihm über die Seelen geübte Herrschaft ist dann eine absolute. Die Männer der Tat denken nur an dessen Verwirklichung, die Gesetzgeber nur an dessen Anwendung, die Philosophen, Künstler, Schriftsteller beschäftigen sich nur mit dessen Umsetzung in verschiedene Formen.

Aus der Grundüberzeugung können momentane Ideen entspringen, die aber stets den Stempel des Ursprungsglaubens aufweisen. Die ägyptische, die europäisch-mittelalterliche, die islamitische Kultur der Araber leitet sich aus einer kleinen Anzahl religiöser Überzeugungen her, die ihren Stempel den geringsten Elementen dieser Kulturen aufdrückten und sie sogleich richtig erkennen lassen.

Und so haben sich, dank den Gesamtüberzeugungen, die Menschen jeden Zeitalters mit einem Netz von Überlieferungen, Anschauungen und Gewohnheiten umgeben, durch die sie stets einander ähnlich sind. Besonders werden die Menschen durch die aus diesen Überzeugungen entspringenden Anschauungen und Gewohnheiten geleitet. Sie regeln die unbedeutendsten Akte unseres Lebens, und der unabhängigste Geist denkt nicht daran, sich ihnen zu entziehen. Die echteste Tyrannei ist die, welche die Seelen unbewußt beherrscht, denn sie allein ist unbekämpfbar. Gewiß waren Tiberius, Dschingiskhan, Napoleon schreckliche Tyrannen, aber auch von ihrem Grabe aus haben Moses, Buddha, Jesus, Mohammed, Luther eine noch viel größere Herrschaft über die Geister geübt. Eine Verschwörung kann einen Tyrannen stürzen, was vermag sie aber wider einen wohlgefestigten Glauben? In ihrem heftigen Kampfe gegen den Katholizismus ist unsere große Revolution trotz des offenbaren Beifalls der Massen und trotz Zerstörungsmitteln, wie sie die Inquisition nicht unerbittlicher anwandte, unterlegen. Die einzig wahren Tyrannen, welche die Menschheit je gekannt, waren stets die Schatten der Toten oder ihre eigenen Illusionen.

Niemals war die philosophische Absurdität, die den Gesamtüberzeugungen sehr häufig anhaftet, ein Hindernis für deren Triumph. Ja, dieser Triumph scheint sogar nur dann möglich, wenn sie irgendwelchen geheimnisvollen Unsinn enthalten. Die offenbare Schwäche der sozialistischen Dogmen der Gegenwart wird also deren Triumph über die Massenseele nicht verhindern. Ihre wahre Minderwertigkeit im Verhältnis zu jedem religiösen Glauben besteht bloß darin: das Glücksideal, welches der letztere in Aussicht stellte, konnte nur in einem zukünftigen Leben verwirklicht werden, und so konnte niemand diese Verwirklichung bestreiten. Da das sozialistische Glücksideal auf Erden realisiert werden soll, so wird gleich bei den ersten Verwirklichungsversuchen die Leerheit der Verheißungen an den Tag treten, und damit wird der neue Glaube alles Prestige verlieren. Seine Macht wird also nur bis zu dem Tage wachsen, wo nach seinem Triumphe die praktische

Verwirklichung einsetzen wird. Und aus diesem Grunde wird die neue Religion, welche, wie alle früheren, zunächst eine zerstörerische Rolle spielt, nicht wie diese in der Folge schöpferisch zu wirken vermögen.

§ 2. Die wechselnden Anschauungen der Massen.

Über den festen Überzeugungen, deren Macht wir dartaten, liegt eine Schicht von Anschauungen, Ideen, Gedanken, die beständig kommen und gehen. Manche dauern nur einen Tag, und die bedeutendsten derselben überdauern nicht das Leben einer Generation. Wir bemerkten bereits, daß die Veränderungen innerhalb dieser Anschauungen zuweilen mehr scheinbar als wirklich sind und daß sie stets den Stempel der Rasseneigenschaften tragen. Indem wir beispielsweise die politischen Institutionen unseres Landes betrachten, sehen wir, daß die scheinbar entgegengesetzten Parteien: Monarchisten, Radikale, Imperialisten, Sozialisten usw., ein absolut identisches Ideal haben und daß dieses Ideal sich nur auf die geistige Struktur unserer Rasse bezieht, da sich unter den analogen Namen bei anderen Rassen ein gänzlich entgegengesetztes Ideal findet.

Weder der Name der Anschauungen noch die täuschenden Anpassungen sind es, was den Kern der Dinge verändert. Die Bürger der Revolutionszeit, die von der römischen Literatur ganz erfüllt waren und die, durch die römische Republik angezogen, deren Gesetze, Rutenbündel und Togen adoptierten und versuchten, deren Institutionen und Muster nachzuahmen, wurden dadurch noch keine Römer, daß sie unter der Herrschaft einer mächtigen

Geschichtsillusion standen. Es ist die Aufgabe der Philosophen, das, was sich in den scheinbaren Veränderungen von den alten Überzeugungen erhält, zu erkunden und das zu sondieren, was in der Flut der Anschauungen durch die Gesamtüberzeugungen und die Massenseele beeinflußt ist.

Ohne dieses philosophische Kriterium könnte man meinen, die Massen änderten politische und religiöse Überzeugungen häufig und willkürlich. Die ganze politische, religiöse, Kunst- und Literaturgeschichte scheint dies in der Tat zu bezeugen.

Nehmen wir z. B. eine recht kurze Periode unserer eigenen Geschichte, etwa die von 1790 bis 1820, also 30 Jahre, die Dauer einer Generation. Wir sehen hier, wie die zuerst monarchistischen Massen revolutionär, dann imperialistisch und schließlich wieder monarchistisch werden. In bezug auf die Religion gehen sie in derselben Zeit vom Katholizismus zum Atheismus, dann zum Deismus über und kehren zu den extremsten Formen des Katholizismus zurück. Und das tun nicht bloß die Massen, sondern auch deren Führer. Mit Verwunderung sehen wir jene Konventmitglieder, die geschworenen Feinde der Könige, die von Gott und Teufel nichts wissen wollen, ergebene Diener Napoleons werden und dann unter Ludwig XVIII. in den Prozessionen fromm die Kerzen tragen.

Welcher Wechsel sodann in den Massenanschauungen während der folgenden 70 Jahre! Das „perfide Albion" vom Beginn des Jahrhunderts wird unter den Erben Napoleons der Alliierte Frankreichs; das zweimal von uns besetzte Rußland, das sich über unsere letzten Niederlagen so sehr gefreut, wird mit einem Male als Freund betrachtet.

In der Literatur, der Kunst, der Philosophie ist der Wechsel der Anschauungen noch jäher. Die Romantik, der Naturalismus, der Mystizismus usw. kommen und gehen nach der Reihe. Die gestern gefeierten Künstler und Schriftsteller werden morgen aufs tiefste verachtet.

Was lehrt uns aber die Analyse dieser scheinbar so tiefen Wandlungen? Daß alle jene, die im Gegensatze zu den Gesamtüberzeugungen und Gefühlen der Rasse stehen, nur ephemer sind und daß der abgelenkte Strom bald seinen Lauf wieder gewinnt. Jene Anschauungen, welche sich an keine Grundüberzeugung, an kein Gefühl der Rasse knüpfen und die demnach keine Festigkeit haben können, sind allen Zufallen oder, wenn man will, den geringsten Veränderungen des Milieu preisgegeben. Durch Suggestion und Ansteckung entstanden, sind sie stets momentaner Art; sie kommen und gehen oft so schnell, wie die Sanddünen, die der Wind am Meeresstrande bildet.

Die Summe der flüchtigen Anschauungen der Massen ist heutzutage größer, als sie es je war, und zwar aus drei verschiedenen Gründen:

Erstens büßen die alten Überzeugungen immer mehr ihre Herrschaft ein und wirken nicht mehr wie früher auf die wechselnden Anschauungen im Sinne einer bestimmten Orientierung. Das Erlöschen der Gesamtüberzeugungen läßt Raum frei für eine Menge von Sonderanschauungen ohne Vergangenheit und Zukunft.

Zweitens wird die Macht der Massen immer größer und ermangelt immer mehr des Gegengewichts, so daß die besondere Wandelbarkeit der Ideen, die wir bei ihr vorfanden, sich frei äußern kann.

Drittens und endlich bringt die neuerdings so ausgebreitete Presse den Massen unaufhörlich die entgegengesetztesten Anschauungen vor Augen. Die von diesen ausgehende Suggestion wird bald von entgegengesetzten Suggestionen aufgehoben. Auf diese Weise kann sich eine Anschauung nicht ausbreiten und hat nur ein kurzes Dasein; sie ist tot, bevor sie sich hinlänglich verbreiten konnte, um allgemein zu werden.

Aus diesen mannigfachen Ursachen ist ein in der Weltgeschichte ganz neues Phänomen erwachsen, welches für unser Zeitalter durchaus charakteristisch ist: ich meine die Unfähigkeit der Regierungen zur Leitung der öffentlichen Meinung.

Einst, es ist nicht lange her, bildeten die Aktion der Regierung, der Einfluß einiger Schriftsteller und eine ganz geringe Zahl von Zeitungen die wahren Regulatoren der öffentlichen Meinung. Heutzutage haben die Schriftsteller allen Einfluß eingebüßt, und die Zeitungen geben nur die öffentliche Meinung wieder. Und die Staatsmänner, weit entfernt, sie zu lenken, suchen ihr nur zu folgen, sie fürchten sich vor ihr oft schrecklich, was ihrem Handeln alle Festigkeit nimmt.

Die Meinung der Massen hat demnach die Tendenz, immer mehr zum obersten Regulator der Politik zu werden. Sie ist heute schon so weit, Allianzen zu erzwingen, wie wir dies vor kurzem bei der russischen Allianz sahen, die ausschließlich einer Volksbewegung entsprungen ist. Es ist ein sehr interessantes Symptom für unsere Zeit, wenn man sieht, wie Päpste, Könige und Kaiser sich der Gepflogenheit des Interview unterwerfen, um dem Urteile der Massen ihre Gedanken über einen bestimmten Gegenstand zu unterbreiten. Einst konnte man sagen, die Politik sei keine Sache des Gefühls. Darf man dies auch heute noch sagen, da sie immer mehr durch die Impulse der wandelbaren Massen geleitet wird, die keine Vernunft kennen und nur vom Gefühl beherrscht werden?

Die Presse wiederum, die einstige Leiterin der öffentlichen Meinung, hat wie die Regierungen vor der Macht der Massen zurücktreten müssen. Gewiß besitzt sie noch eine beträchtliche Macht, aber doch nur, weil sie ausschließlich der Reflex der öffentlichen Meinung und ihrer beständigen Schwankungen ist. Zu einem bloßen Informationswerkzeug geworden, hat sie darauf verzichtet, irgendwelche Ideen oder Lehren zu propagieren. Sie geht allen Veränderungen des öffentlichen Geistes nach, und sie muß dies genau tun, da sie sonst infolge der Konkurrenz ihre Leser verlieren kann. Die alten würdigen und einflußreichen Organe von ehemals, „Constitutionel", „Débats", „Siècle" deren Aussprüche von der vergangenen Generation ehrfurchtsvoll angehört wurden, sind verschwunden oder zu Informationsorganen geworden, die von einer *Chronique amusante*, dem Gesellschaftsklatsch und von finanziellen Reklamen umrahmt sind. Welches Blatt wäre heute reich genug, seinen Redakteuren eigene Meinungen gestatten zu können, und welches Gewicht könnten diese Meinungen bei Lesern haben, die nur unterrichtet oder unterhalten werden wollen und die hinter jeder Empfehlung eine Spekulation wittern? Die Kritik hat nicht einmal mehr die Macht, ein Buch oder ein Theaterstück zu „lancieren". Sie kann ihnen schaden, aber nicht nützen. So sehr sind sich die Blätter der Zwecklosigkeit aller Kritik und Eigenmeinung bewußt, daß sie allmählich die literarischen Kritiken unterdrückt haben, indem sie sich begnügen, den Titel des Buches nebst zwei bis drei Reklamezeilen zu bringen, und so wird es sich wohl in zwanzig Jahren auch mit dem Theater verhalten.

Das Erlauern der Meinung ist heute die hauptsächliche Sorge der Presse und der Regierungen. Welche Wirkung ein Ereignis, ein Gesetzentwurf, eine Rede hat, das ist es, was sie stets wissen müssen; und das ist nicht so leicht, denn nichts ist wandelbarer und schillernder als das Denken der Massen, und nichts ist häufiger, als daß sie eben dasselbe, was sie den Tag vorher bejubelten, morgen mit dem Anathema belegen.

Dieser völlige Mangel an Meinungsdirektive und gleichzeitig die Auflösung der Gesamtüberzeugungen haben als Endergebnis eine vollständige Zerbröckelung aller Überzeugungen und dazu die wachsende Indifferenz der Massen gegenüber allem, was ihre Interessen nicht direkt berührt, bewirkt. Lehren wie der Sozialismus haben wirklich überzeugte Anhänger nur in den völlig ungebildeten Schichten, z. B. bei Berg- und Fabrikarbeitern. Der Kleinbürger, der Handwerker, der nur ein wenig gebildet ist, ist völlig skeptisch oder wandelbar geworden.

Die seit dreißig Jahren erfolgte Entwicklung ist offensichtlich. In der vorangehenden, aber nicht weit zurückliegenden Zeit besaßen die Meinungen noch eine allgemeine Orientierung, sie leiteten sich von der Annahme gewisser Grundüberzeugungen her. Schon dadurch, daß man Monarchist war, hatte man in Geschichte und Wissenschaft notwendig bestimmte, scharf umgrenzte Ideen, und wenn man Republikaner war, so hatte man ganz entgegengesetzte Ideen. Ein Monarchist wußte genau, daß der Mensch nicht vom Affen abstammt, und ein Republikaner ebenso genau, daß er von ihm abstammt. Der Monarchist mußte von der Revolution mit Abscheu, der Republikaner verehrungsvoll sprechen. Es gab Namen, wie Robespierre und Marat, die man mit andächtiger Miene, andere wieder, wie Cäsar, Augustus, Napoleon, die man nur unter Schmähungen aussprechen durfte. Bis auf unsere Sorbonne war diese naive Art der Geschichtsauffassung verbreitet. [24]

Heute verlieren gegenüber der Diskussion und Analyse alle Anschauungen ihr Prestige, ihre Angeln nützen sich bald ab, und nur wenige bleiben, die uns erregen könnten. Der moderne Mensch fällt immer mehr der Gleichgültigkeit anheim.

Wir wollen diese allgemeine Erschöpfung der Anschauungen nicht allzusehr bedauern. Daß sie ein Entartungssymptom im Völkerleben ist, ist unbestreitbar. Gewiß haben die Seher, Apostel, Führer, kurz die Überzeugten, eine ganz andere Gewalt als die Verneiner, Kritiker und Indifferenten. Aber wir dürfen nicht vergessen, daß, wenn durch die gegenwärtige Macht der Massen eine einzelne Anschauung genug Prestige erlangte, um zur Geltung zu gelangen, sie bald eine solche tyrannische Gewalt besäße, daß sie alles sogleich beugen würde und die Zeit der freien Diskussion für lange vorüber wäre. Oft sind die Massen friedfertige Herren, wie Heliogabal und Tiberius zeitweilig waren, aber sie haben auch wilde Launen. Ist eine Kultur reif, ihnen in die Hände zu fallen, dann ist sie zu vielen Zufällen ausgesetzt, um noch lange zu währen. Wenn irgendetwas die Stunde des Niederganges aufzuhalten vermag, dann ist es nur die extreme Wandelbarkeit der Anschauungen und die wachsende Gleichgültigkeit der Massen gegenüber allen Gesamtüberzeugungen.

Drittes Buch.
Klassifikation und Einteilung der Massen.

1. Kapitel.
Klassifikation der Massen.

Wir haben in dieser Schrift die allen psychologischen Massen gemeinsamen Grundzüge dargetan. Wir haben nun die besonderen Merkmale vorzuführen, die zu diesen Grundmerkmalen je nach der Art der Gesamtheiten hinzukommen, wenn diese sich unter dem Einfluß geeigneter Anreize in eine Masse verwandeln.

Zunächst geben wir in aller Kürze eine Klassifikation der Massen.

Ausgangspunkt ist für uns die einfache Menge. Ihre niedrigste Art ist dann gegeben, wenn sie sich aus Individuen verschiedener Rasse zusammensetzt. Ihr einziges Band ist der mehr oder weniger geachtete Wille eines Anführers. Als Beispiel dieses Massentypus können die Barbaren verschiedenen Ursprungs dienen, welche eine Reihe von Jahrhunderten hindurch das Römische Reich besetzten.

Höher als diese Mengen aus verschiedenen Rassen stehen jene, welche unter dem Einfluß gewisser Faktoren gemeinsame Merkmale angenommen haben und schließlich zu einer Rasse geworden sind. Sie werden gelegentlich die Sondermerkmale der Massen aufweisen, aber so, daß dieselben von denen der Rasse mehr oder weniger überdeckt werden.

Beide Kategorien der Mengen können sich unter dem Einflusse der von uns untersuchten Faktoren in organisierte oder psychologische Massen verwandeln. Diese organisierten Massen teilen wir wie folgt ein:

A. Heterogene Massen: 1. Anonyme (z. B. Straßenansammlungen), 2. Nicht anonyme (z. B. Jury, Parlament usw.)

B. Homogene Massen: 1. Sekten. (Politische, religiöse u. a. Sekten.), 2. Kasten. (Militärische, Priester-, Arbeiterkasten usw.), 3. Klassen. (Bürger, Bauern usw.)

Wir geben in Kürze die Sondermerkmale dieser verschiedenen Massenformen an.

§ 1. Heterogene Massen.

Es sind das die Gesamtheiten, deren Eigenschaften wir in der vorliegenden Schrift untersucht haben. Sie bestehen aus beliebigen Individuen, gleichgültig wessen Berufes und welcher Intelligenz.

Wir wissen bereits, daß schon durch das Zusammentreten von Menschen zu einer wirksamen Masse ihre kollektive Psychologie wesentlich von ihrer Individualpsychologie abweicht und daß ihre Intelligenz sie dieser Differenzierung nicht entzieht. Wir sahen, in den Gesamtheiten spielt die Intelligenz keinerlei Rolle, es wirken hier nur Gefühle.

Ein Grundfaktor, die Rasse, läßt uns die verschiedenen heterogenen Massen ziemlich scharf sondern.

Schon wiederholt kamen wir auf die Rolle der Rasse zu sprechen, und wir zeigten, sie sei der mächtigste Faktor, der auf die menschlichen Handlungen Einfluß nimmt. Sie bekundet ihre Wirkung auch in den Masseneigenschaften. Eine aus verschiedenen Individuen, die insgesamt Engländer oder Chinesen sind, zusammengesetzte Masse, wird sich von einer anderen Masse, die etwa aus Russen, Franzosen oder Spaniern besteht, von Grund aus unterscheiden.

Die großen Divergenzen, welche die ererbte Geistesbeschaffenheit hinsichtlich der Gefühls- und Denkweise der Menschen begründet, kommen sogleich zum Ausbruch, wenn Umstände, die allerdings ziemlich selten sind, Individuen verschiedener Nationalität in ungefähr gleichem Verhältnisse zu einer einzigen Masse vereinigen, mögen auch die den Vereinigungspunkt darstellenden Interessen scheinbar noch so identisch sein. Die Versuche der Sozialisten, auf großen Kongressen Vertreter der Arbeiterbevölkerung aller Länder zu vereinigen, sind stets in heftige Streitigkeiten ausgelaufen. Eine lateinische Masse, so revolutionär oder konservativ sie auch gedacht werde, wird zur Erfüllung ihrer Forderungen sich stets an den Staat wenden. Sie ist stets zentralistisch und mehr oder minder monarchistisch. Eine englische oder amerikanische Masse hingegen weiß nichts vom Staat und appelliert nur an die private Initiative. Eine französische Masse hält vor allem viel auf Gleichheit, eine englische auf Freiheit. Eben diese Rassendifferenzen sind die Ursache, daß es fast ebenso viele Arten des Sozialismus und der Demokratie als Nationen gibt.

Die Rassenseele beherrscht also völlig die Massenseele, Sie ist das mächtige Substrat, das ihre Schwingungen begrenzt. Es kann als ein Grundgesetz gelten, daß die niederen Eigenschaften der Massen um so weniger akzentuiert sind, je stärker die Rassenseele ist. Die Regierung und Herrschaft der Massen bedeutet die Barbarei oder die Rückkehr zu ihr. Durch Erwerbung einer fest organisierten Seele allein entgeht die Rasse immer mehr der unbesonnenen Macht und kommt aus der Barbarei heraus.

Außer der Rasse besteht die einzig bedeutsame Klassifikation der heterogenen Massen in der Unterscheidung derselben in anonyme (wie die Straßenansammlungen) und nicht anonyme Massen. Das Verantwortlichkeitsgefühl, welches den ersteren fehlt und bei den letzteren sich entwickelt zeigt, verleiht ihren Handlungen oft eine sehr verschiedene Richtung.

§ 2. Homogene Massen.

Die homogenen Massen umfassen 1. die Sekten, 2. die Kasten, 3, die Klassen.

Die Sekte stellt den ersten Grad der Organisation homogener Massen dar. Zu ihr gehören Individuen, deren Erziehung, Beruf und Milieu oft sehr verschieden ist und die nur durch das Band der Überzeugungen miteinander verbunden sind. So z. B. die religiösen und politischen Sekten.

Die Kaste stellt den höchsten Organisationsgrad dar, dessen die Masse fähig ist. Wahrend die Sekte Individuen umfaßt, deren Beruf, Bildung und Milieu sehr verschieden sind und die nur durch Gemeinsamkeit der Überzeugungen sich einander anschließen, gehören zur Kaste nur Individuen gleichen Berufes und folglich auch ziemlich ähnlicher Bildung und Lebensverhältnisse. So z. B. die militärische und die Priesterkaste.

Die Klasse wird von Individuen verschiedenen Ursprungs gebildet, die weder wie die Mitglieder einer Sekte durch die Übereinstimmung der Überzeugungen, noch auch durch die Gleichheit des Berufes, wie die Mitglieder einer Kaste, sondern durch bestimmte Interessen, Lebensgewohnheiten und gleichartige Erziehung vereinigt sind. So z. B. die Klasse der Bürger, der Bauern usw.

Da ich in diesem Buche es nur mit den heterogenen Massen zu tun habe und die Untersuchung der homogenen Massen (Sekten, Kasten, Klassen) einem anderen Werke vorbehalte, so werde ich die Eigenschaften der letzteren hier nicht weiter verfolgen und mich nur mit einigen Arten heterogener Massen, die ich als typische Beispiele herausgreife, beschäftigen.

2. Kapitel.
Die sogenannten kriminellen Massen.

Da nach einer bestimmten Erregungsperiode die Massen in den Zustand bloßer unbewußter, von Suggestionen geleiteter Automaten geraten, so scheint es schwierig, sie in irgendeinem Falle als verbrecherisch zu qualifizieren. Ich behalte diese falsche Bezeichnung nur bei, weil sie durch neuere psychologische Forschungen üblich geworden ist. Gewisse Handlungen der Massen sind, an sich betrachtet, gewiß verbrecherisch, aber auch nur in dem Sinne, wie die Tat eines Tigers, der einen Hindu verschlingt, nachdem er ihn vorerst durch seine Jungen zu deren Unterhaltung hat zerfleischen lassen.

Die Massenverbrechen haben in der Regel eine mächtige Suggestion zum Beweggrund, und die schuldigen Individuen sind in der Folge davon durchdrungen, sie hätten eine Pflicht erfüllt — ein Umstand, der bei dem gewöhnlichen Verbrecher fehlt.

Dies wird durch die Geschichte der von den Massen begangenen Verbrechen bezeugt.

Als typisches Beispiel wäre die Ermordung des Gouverneurs der Bastille, de Launay, anzuführen. Nach dem Falle dieser Festung empfing der von einer äußerst erregten Menge umgebene Gouverneur von allen Seiten Hiebe. Man schlug vor, ihn zu hängen, zu enthaupten oder an den Schweif eines Pferdes zu binden. Sich losmachend, gab er einem der Umstehenden versehentlich einen Fußtritt. Darauf machte jemand den von der Masse sogleich beifällig aufgenommenen Vorschlag, das von dem Fußtritt betroffene Individuum solle dem Gouverneur den Hals abschneiden.

„Dieser, ein stellenloser Koch, der nach der Bastille gegangen war, um zu sehen, was dort vorging, glaubt, die Tat sei patriotisch, weil dies die allgemeine Ansicht ist, und glaubt sogar, einen Orden zu verdienen, wenn er ein Ungeheuer vernichtet. Mit einem ihm dargereichten Säbel schlägt er auf den entblößten Hals; da der schlecht geschliffene Säbel nicht schneidet, zieht er aus seiner Tasche ein kleines Messer mit einem schwarzen Heft und vollendet, da er als Koch das Fleisch zu bearbeiten weiß, erfolgreich seine Operation."

Hier zeigt sich klar der früher angegebene Mechanismus: Gehorsam gegenüber einer Suggestion, die um so stärker ist, als sie kollektiv ist, Überzeugung des Mörders, eine sehr verdienstvolle Tat begangen zu haben, eine Überzeugung, die um so natürlicher ist, da er den einmütigen Beifall seiner Mitbürger besitzt. Eine solche Tat kann wohl gesetzlich, aber nicht psychologisch als Verbrechen qualifiziert werden.

Die allgemeinen Merkmale der sogenannten kriminellen Massen sind eben jene, die wir bei allen Massen angetroffen haben: Suggestibilität, Leichtgläubigkeit, Wandelbarkeit, Überschwang der guten und schlechten Gefühle, Äußerung gewisser Sittlichkeitsformen usw.

Alle diese Merkmale finden sich bei einer der Massen, welche in unserer Geschichte ein sehr trauriges Andenken zurückgelassen haben, wieder, nämlich bei den Septembermännern. Sie weisen übrigens eine starke Analogie mit den Anstiftern der Bartholomäusnacht auf. Die Einzelheiten des Berichtes entnehme ich Taine, der sie aus den zeitgenössischen Memoiren geschöpft hat.

Es ist nicht genau bekannt, wer den Befehl oder die Suggestion zur Ausleerung der Gefängnisse, um die Gefangenen abzuschlachten, gegeben hat. Ob dies, wie es wahrscheinlich ist, Danton oder ein anderer war, ist gleichgültig; uns interessiert hier nur die mächtige Suggestion, welche die mit dem Blutbade betraute Menge empfing.

Die Masse der Menschenschlächter umfaßte ungefähr 300 Personen und repräsentierte vollkommen den Typus einer heterogenen Masse. Abgesehen von einer ganz geringen Anzahl von gewerbsmäßigen Bettlern bestand sie namentlich aus Händlern und Handwerkern aller Art: aus Schustern, Schlossern, Perückenmachern, Maurern, Angestellten, Dienstmännern usw.

Unter dem Einfluß der empfangenen Suggestion sind sie, wie der oben erwähnte Koch, durchaus davon überzeugt, eine patriotische Pflicht zu erfüllen. Sie üben ein doppeltes

Amt aus, das des Richters und das des Scharfrichters, halten sich aber in keiner Weise für Verbrecher.

Durchdrungen von der Wichtigkeit ihrer Aufgabe, bilden sie zunächst eine Art Gerichtshof, und alsbald zeigt sich der simple Geist und ebenso das Rechtsgefühl der Massen. Angesichts der beträchtlichen Anzahl der Angeklagten wird zunächst entschieden, die Adeligen, Priester, Offiziere, Diener des Königs, d. h. alle jene, deren Beruf schon in den Augen eines guten Patrioten als Schuldbeweis erscheint, sollen haufenweise getötet werden, ohne daß es eines besonderen Urteils bedarf.

Die übrigen werden nach Aussehen und Ansehen verurteilt werden. Nach Befriedigung ihres rudimentären Gewissens kann die Masse in legaler Weise an die Abschlachtung gehen und jenen Grausamkeitsinstinkten freien Lauf lassen, deren Ursprung ich früher zeigte und den die Gesamtheiten stets in hohem Maße zu entfalten vermögen. Sie verhindern übrigens nicht — es ist dies die Regel bei den Massen — die gleichzeitige Offenbarung gegensätzlicher Gefühle, so z. B. die Empfindsamkeit, die oft ebenso groß ist wie ihre Grausamkeit.

„Sie haben das ausgedehnte Mitgefühl und die leichte Erregbarkeit des Pariser Handwerkers. In der „Abtei" vernahm ein Föderierter, daß man die Häftlinge seit 26 Stunden ohne Wasser gelassen, er wollte durchaus den nachlässigen Pförtner töten und hätte dies ohne die Fürbitte der Gefangenen auch getan. Ist (von ihrem improvisierten Gerichtshof) ein Gefangener freigesprochen worden, so wird er von Wächtern und Henkern, von jedermann umarmt und stürmisch begrüßt." Dann geht es an die Massenabschlachtung der übrigen. Während des Blutbades herrscht beständig eine heitere Stimmung. Man tanzt und singt um die Leichen, stellt den „Damen", die glücklich sind, daß sie einen Aristokraten töten sehen, Bänke zur Verfügung. Auch geben sie weitere Proben einer besonderen Courtoisie zu erkennen. Als ein Henker in der „Abtei" sich beklagt, die etwas weiter sitzenden Damen sähen schlecht, und nur einige der Anwesenden hätten das Vergnügen, auf die Aristokraten einzuhauen, geben sie die Berechtigung dieser Bemerkung zu und bestimmen, man werde die Opfer langsam zwischen zwei Reihen von Würgern passieren lassen, die zur Verlängerung des Strafgerichts nur mit dem Säbelrücken hauen dürfen. In der Festung entkleidet man die Opfer völlig, zerfleischt sie eine halbe Stunde lang, und dann, wenn jedermann alles gut gesehen hat, schlitzt man ihnen endlich den Leib auf.

Die Menschenschlächter sind übrigens sehr skrupelhaft und bekunden jene Sittlichkeit, deren Existenz bei den Massen wir bereits verzeichneten. Sie scheuen davor zurück, sich des Geldes und Schmuckes der Opfer zu bemächtigen und bringen es zu dem Tische des Ausschusses.

In allen ihren Handlungen finden sich die rudimentären Denkweisen, die für die Massenseele charakteristisch sind. So bemerkt nach einer Abschlachtung von 1200 — 1500 Volksfeinden irgend jemand, dessen Anregung Verständnis findet, die anderen Gefängnisse, welche alte Bettler, Vagabunden, jugendliche Häftlinge einschließen, enthielten in Wahrheit nur unnütze Esser, es wäre daher gut, sich ihrer zu entäußern. Übrigens müsse es unter ihnen auch Volksfeinde geben, wie z. B. eine gewisse alte Frau Delarne, die Witwe eines Giftmischers: „Sie muß wütend sein, im Gefängnisse zu sitzen; vermöchte sie es, würde sie

Paris in Brand setzen; sie soll dies gesagt haben, sie hat es gesagt. Fort mit ihr." Diese Demonstration scheint evident, und so wird alles haufenweise massakriert, inbegriffen etwa 50 Kinder von 12 — 17 Jahren, die ja auch Volksfeinde hätten werden können und deren Beseitigung von Interesse war.

Nach Verlauf einer Arbeitswoche waren alle diese Maßnahmen ausgeführt, und die Menschenschlächter durften an ihre Ruhe denken. Da sie tief davon durchdrungen waren, sich um das Vaterland wohl verdient gemacht zu haben, verlangten sie von den Autoritäten eine Belohnung, die eifrigsten forderten sogar eine Medaille.

Ähnliche Tatsachen weist die Geschichte der Kommune von 1871 auf. Der wachsende Einfluß der Massen und die allmähliche Kapitulation der Mächte vor ihnen wird uns sicherlich noch viele andere bringen.

3. Kapitel.
Die Geschworenen bei den Assisengerichten.

Da wir an dieser Stelle nicht alle Arten von Geschworenen betrachten können, so werde ich mich nur mit den wichtigsten derselben, den Beisitzern an den Assisengerichten, befassen.

Sie bieten uns ein treffliches Beispiel für die nicht anonyme heterogene Masse. Wir finden hier die Suggestibilität, die Vorherrschaft der unbewußten Eindrücke, die geringe Fähigkeit zum Denken, den Einfluß der Anführer usw. Ihr Studium wird uns mit interessanten Mustern von Irrtümern bekannt machen, welche die mit der Psychologie der Gesamtheiten nicht Vertrauten begehen können.

Die Geschworenen sind zunächst ein Beispiel für die geringe Bedeutung, die hinsichtlich der Entscheidungen dem geistigen Niveau der verschiedenen Elemente einer Masse zukommt.

Wir sahen: wenn eine beratende Versammlung ihr Urteil über eine nicht rein technische Frage abgeben soll, so spielt hierbei die Intelligenz keinerlei Rolle, und eine Versammlung von Gelehrten oder Künstlern weist durch die bloße Tatsache der Vereinigung über allgemeine Gegenstände keine von den Anschauungen einer Maurer- oder Krämerversammlung merklich unterschiedenen Urteile auf. In manchen Zeiten traf die Verwaltung unter den zu Geschworenen ernannten Personen eine sorgfältige Auswahl, und man entnahm sie den gebildeten Klassen: Professoren, Beamten, Gelehrten usw. Heutzutage setzt sich die Jury besonders aus Kleinhändlern, Handwerksmeistern, Angestellten usw. zusammen. Und nun zeigt, zur großen Verwunderung der Fachschriftsteller, die Statistik, daß die Entscheidungen der Geschworenen ganz dieselben sind, mögen diese wie immer zusammengesetzt sein. Selbst die der Institution der Geschworenen so abholden Gerichtspersonen mußten die Richtigkeit dieser Tatsache anerkennen. Ein ehemaliger Präsident des Assisengerichtshofes, Bernard des Glajeux, bemerkt in seinen „Erinnerungen" darüber folgendes:

„Heute liegt die Auswahl der Geschworenen tatsächlich in den Händen der Stadträte, die sich von politischen und Wahlverhältnissen leiten lassen (...) Die Majorität der Gewählten besteht aus Kaufleuten von geringerer Bedeutung als früher und aus bestimmten Verwaltungsbeamten (...) Da die Anschauungen sich in der Richterrolle mit allen Berufsarten vermengen, viele den Eifer des

Neophyten bezeigen und die mit dem besten Willen Begabten sich in den einfachsten Ständen finden, so hat sich der Geist der Jury nicht geändert, ihre Verdikte sind sich gleich geblieben."

Aus der hier angeführten Stelle wollen wir die ganz wichtigen Folgerungen, nicht aber die recht schwachen Erklärungen behalten. Wir dürfen über diese Schwäche nicht allzu sehr erstaunt sein, denn die Psychologie der Massen, also auch die der Geschworenen scheint meist den Anwälten wie den Richtern unbekannt gewesen zu sein. Den Beweis dafür liefert mir die von dem eben genannten Autor angeführte Tatsache, daß einer der berühmtesten Advokaten am Assisengerichtshof, Lachaud, systematisch sich seines Rechtes der Ablehnung aller gebildeten Mitglieder der Jury bediente. Die Erfahrung aber, und nur sie, zeigte ihm schließlich die Zwecklosigkeit dieser Ablehnungen. Zum Beleg dafür dient die Tatsache, daß gegenwärtig das Justizministerium und die Advokaten, in Paris wenigstens, vollständig darauf verzichtet haben; und dennoch haben sich, wie des Glajeux bemerkt, die Verdikte nicht geändert; „sie sind weder besser noch schlechter".

Wie alle Massen, werden die Geschworenen sehr stark durch Gefühle, nur sehr schwach durch logische Argumente, beeinflußt. „Sie widerstehen nicht", schreibt ein Advokat, „dem Anblick einer stillenden Frau oder einem Aufmarsch von Waisen." „Eine Frau braucht nur anmutig zu sein," sagt des Glajeux, „so gewinnt sie das Wohlwollen der Jury."

Unerbittlich gegenüber Verbrechen, von denen sie selbst betroffen werden konnten und die eben für die Gesellschaft die schrecklichsten sind, haben sie viel Nachsicht gegenüber den sogenannten Leidenschaftsverbrechen.

Selten zeigen sie Strenge bei Kindesmord unehelicher Mütter und noch weniger gegenüber dem verlassenen Mädchen, welches seinen Verführer ein wenig mit Vitriol überschüttet, indem sie instinktiv recht wohl fühlen, diese Verbrechen seien für die Gesellschaft wenig gefährlich, und es sei in einem Lande, das verlassene Mädchen nicht schützt, das Verbrechen der sich Rächenden mehr Nutzen als Schaden bringend, indem es künftige Verführer von vornherein abschreckt. [25]

Die Jurys werden wie alle Massen durch das Prestige stark geblendet, und ganz richtig bemerkt der Präsident des Glajeux, sie seien sehr demokratisch ihrer Zusammensetzung nach, aber sehr aristokratisch in ihren Neigungen. „Name, Geburt, Reichtum, Ansehen und die Anwesenheit eines berühmten Anwalts, alles Distinguierende und Glänzende bilden für den Angeklagten eine sehr erhebliche Stütze."

Es muß die Sorge eines jeden guten Anwalts sein, auf die Gefühle der Geschworenen einzuwirken und, wie bei allen Massen, nur wenig zu raisonnieren oder nur rudimentäre Argumentationsweisen anzuwenden. Ein durch seine Erfolge beim Assisengericht berühmter Advokat hat dieses Verfahren trefflich ausgeübt.

„Während seines Plädoyers beobachtet er aufmerksam die Jury. Der Augenblick ist günstig. Mittels seines Spürsinnes und auf die Erfahrung gestützt, liest der Advokat die Wirkung jeder Phrase, jedes Wortes in den Mienen und zieht daraus seine Schlüsse. Es handelt sich vor allem darum, die dem Falle im voraus günstigen Mitglieder zu erkennen. Der Verteidiger versichert sich ihrer durch eine Handbewegung, dann wendet er sich zu den dem Anscheine nach ungünstig gestimmten Mitgliedern und bemüht sich, zu erraten, warum sie gegen den Angeklagten eingenommen sind. Das ist der heikelste Teil der Arbeit, denn es kann außer der Gerechtigkeit noch unzählige Gründe geben, einen Menschen verurteilen zu wollen."

Diese wenigen Zeilen bringen das Ziel der rednerischen Kunst ausgezeichnet zum Ausdruck und zeigen uns zugleich, warum die einstudierte Rede zwecklos ist: weil man in jedem Augenblick je nach dem erzielten Eindruck die Ausdrucke ändern muß.

Der Redner braucht nicht alle Mitglieder der Jury auf seine Seite zu bringen, sondern bloß die tonangebenden, welche die Gesamtmeinung beeinflussen werden. Es gibt hier wie in allen Massen eine kleine Anzahl von führenden Individuen. „Ich habe", bemerkt der oben erwähnte Anwalt, „die Erfahrung gemacht, daß im Momente der Urteilsfällung nur ein bis zwei energische Männer da sein mußten, um die übrigen Geschworenen mitzureißen." Diese zwei bis drei Männer muß man durch geschickte Suggestionen überzeugen. Das Massenmitglied, dem man gefällt, ist leicht zu überzeugen und durchaus in der Verfassung, alle ihm vorgeführten Gründe als trefflich zu befinden. In der interessanten Arbeit über Lachaud finde ich folgende Anekdote:

„Wie man weiß, ließ Lachaud wahrend der ganzen Dauer seiner Ansprachen an die Geschworenen zwei bis drei von ihnen, die er als einflußreich, aber spröde kannte oder glaubte, nicht aus den Augen. In der Regel gelang ihm die Gewinnung der Widerspenstigen. Aber einmal traf er in der Provinz einen, den er dreiviertel Stunden lang mit seinen stärksten Waffen vergebens bearbeitete, den ersten auf der zweiten Bank, den siebenten Geschworenen. Es war zum

Verzweifeln. Plötzlich mitten in einem leidenschaftlichen Passus, hält Lachaud inne und wendet sich an den Vorsitzenden des Gerichtshofes mit den Worten: ‚Herr Präsident, könnte man nicht den Vorhang dort herunterlassen, den siebenten Herrn Geschworenen blendet das Sonnenlicht.' Der siebente Geschworene errötete, lächelte, dankte. Er war der Verteidigung gewonnen."

Verschiedene Autoren, unter ihnen sehr namhafte, haben in der letzten Zeit die Institution der Schwurgerichte heftig bekämpft, den einzigen Schutz, den wir gegen die wirklich sehr häufigen Irrtümer einer kontrollfreien Kaste besitzen. [26]
Die einen möchten eine bloß den gebildeten Ständen entnommene Jury. Aber wir sahen schon, daß auch dann die Entscheidungen mit den jetzt abgegebenen identisch sein werden. Andere wieder, die sich auf die von Geschworenen begangenen Irrtümer berufen, wollen die Abschaffung jener und deren Ersetzung durch Richter. Wie können wir aber vergessen, daß diese den Geschworenen so oft vorgeworfenen Irrtümer stets zuerst von den Richtern begangen wurden; denn, wenn der Angeklagte vor der Jury erscheint, so ist er bereits von verschiedenen Richtern als schuldig angesehen worden: vom Untersuchungsrichter, vom Staatsanwalt und vom Anklagesenat. Sieht man denn nicht, daß der Angeklagte, würde er statt von Geschworenen schließlich von Richtern abgeurteilt, seine einzige Aussicht auf Freisprechung einbüßen würde? Die Irrtümer der Geschworenen waren zuerst stets Irrtümer der Richter. An diese letzteren allein muß man sich also halten, wenn man besonders ungeheuerliche Justizirrtümer wie die Verurteilung des Dr. X. findet, der, auf die Anzeige eines halb

idiotischen Mädchens, welches den Arzt beschuldigte, für 30 Franken habe er sie abortieren lassen, von einem doch nicht zu sehr beschränkten Untersuchungsrichter verfolgt, ohne den Entrüstungsausbruch der Öffentlichkeit, die seine Begnadigung durch das Staatsoberhaupt zur Folge hatte, ins Bagno gewandert wäre. Die von allen seinen Mitbürgern anerkannte Ehrenhaftigkeit des Verurteilten legte die Größe des Irrtums an den Tag. Selbst die Richter erkannten dieselbe, aber aus Korpsgeist taten sie alles mögliche, um die Unterzeichnung der Begnadigung zu verhindern. In allen ähnlichen Fällen hört die von technischen Details, die sie nicht versteht, verwirrte Jury naturgemäß auf die Judikatur, indem sie sich sagt, der Fall sei von Richtern, die in allen Feinheiten bewandert sind, untersucht. Wer sind dann die wahren Urheber des Irrtums, die Geschworenen oder die Richter? Wir wollen also die Jury sorgfältig wahren. Sie bildet vielleicht die einzige Art der Masse, die durch keine Individualität zu ersetzen ist. Nur sie kann die Härten des Gesetzes mildern, welches, für alle gleich, im Prinzip blind sein muß und Sonderfälle nicht kennen darf. Der dem Mitleid unzugängliche, nur den Wortlaut des Gesetzes kennende Richter mit seiner Berufshärte würde den Raubmörder nicht anders bestrafen als das arme Mädchen, das, von seinem Verführer verlassen und dem Elend preisgegeben, zum Kindesmord verleitet wird, während die Jury instinktiv sehr wohl fühlt, das verführte Mädchen sei viel weniger schuldig als der Verführer, der doch dem Gesetz entschlüpft, und verdiene alle ihre Nachsicht.

Indem ich die Psychologie der Kasten ebenso wie die der anderen Massen sehr wohl kenne, sehe ich keinen Fall, wo ich, wäre ich eines Verbrechens angeklagt, nicht lieber es mit Geschworenen als mit Richtern zu tun hatte. Bei den ersteren hätte ich große Aussicht auf Freisprechung, bei den letzteren nur sehr geringe. Fürchten wir die Macht der Massen, aber noch mehr die Macht gewisser Kasten! Die ersteren lassen sich vielleicht überwinden, die letzteren wanken niemals.

4. Kapitel.
Die Wählermassen.

Die Wählermassen, d. h. die zur Wahl irgend welcher Amtsinhaber berufenen Gesamtheiten, bilden heterogene Massen; da sie aber nur in einer ganz bestimmten Hinsicht ihre Wirksamkeit entfalten, nämlich betreffs der Wahl zwischen mehreren Kandidaten, so lassen sich bei ihnen nur einige der vorbeschriebenen Merkmale beobachten. Besonders bekunden sie die geringe Urteilsfähigkeit, den Mangel kritischen Geistes, die Erregbarkeit, Leichtgläubigkeit und Einfalt der Massen. In ihren Entscheidungen findet sich auch der Einfluß der Führer und die Rolle der bereits angeführten Faktoren: die Behauptung, die Wiederholung, das Prestige und die Ansteckung.

Sehen wir nun zu, wie sie zu gewinnen sind. Aus den am besten dazu geeigneten Verfahrensweisen wird deren Psychologie klar erhellen.

Die erste Bedingung, die der Kandidat zu erfüllen hat, ist, daß er ein Prestige besitzt. Das persönliche Prestige ist nur durch das des Reichtums zu ersetzen. Das Talent und sogar das Genie ist kein Element des Erfolgs.

Diese Notwendigkeit, daß der Kandidat ein Prestige, d. h. die Macht, sich ohne Diskussion durchzusetzen, hat, ist wesentlicher Art. Wenn die Wähler, deren Mehrheit aus Handwerkern und Bauern besteht, so selten einen der ihrigen zum Abgeordneten wählen, so erklärt sich dies daraus, daß die ihrem Stande angehörenden Personen kein Prestige bei ihnen haben.

Und wenn sie zufällig einen aus ihrer Mitte erwählen, so geschieht das meistens nur aus nebensächlichen Gründen, z. B. um einen hervorragenden Mann, einem mächtigen Fabriksherrn wegen der Abhängigkeit, in der sich der Wähler ständig von ihm befindet, entgegenzutreten, und so die Illusion zu bekommen, für einen Augenblick der Herr zu sein.

Aber der Besitz des Prestige genügt nicht zur Sicherung des Erfolges. Der Wähler hält darauf, daß man seinen Begierden und Eitelkeiten schmeichelt; der Kandidat muß sich ihm gegenüber als Speichellecker erweisen und kein Bedenken tragen, ihm die phantastischsten Versprechungen zu machen.

Ist er ein Arbeiter, so kann man seine Chefs nicht genug beleidigen und schmähen. Den gegnerischen Kandidaten wiederum muß man zu vernichten suchen, indem man durch Behauptungen, Wiederholungen und Übertragung festzustellen sucht, er sei der ärgste Schuft, von dem jeder weiß, daß er mehrere Verbrechen auf dem Gewissen hat. Selbstredend darf man hierbei nichts vorbringen wollen, was einem Beweise ähnelt. Ist der Gegner ein schlechter Kenner der Massenpsychologie, so wird er sich durch Argumente zu rechtfertigen suchen, statt sich damit zu begnügen, Behauptung mit Behauptung zu erwidern, und er wird dann keine Aussicht auf Sieg mehr haben.

Das geschriebene Programm des Kandidaten darf nicht zu kategorisch sein, weil seine Gegner es ihm später entgegenhalten könnten, aber das mündliche Programm kann nicht übertrieben genug sein. Die außerordentlichsten Reformen dürfen unbesorgt in Aussicht gestellt werden. Für den Augenblick erzielen diese Übertreibungen große Wirkung, und für die Zukunft verpflichten sie zu nichts. Es ist in der Tat eine konstante Beobachtung, daß der Wähler sich niemals um die Erkundung dessen gekümmert hat, in welchem Ausmaße der Gewählte sein Programm, welches gutgeheißen und angeblich zur Grundlage der Wahl genommen ward, erfüllt hat.

Wir erkennen hier alle von uns beschriebenen Überzeugungsfaktoren wieder. Wir finden sie ebenso in der Wirkung der Worte und Formeln, dessen mächtige Herrschaft wir bereits dargetan haben. Der Redner, der die Massen zu behandeln weiß, bringt die Massen, wozu er will. Ausdrücke wie: das infame Kapital, die gemeinen Ausbeuter, der vortreffliche Arbeiter, die Sozialisierung der Vermögen u. a. erzielen stets den gleichen, wenn auch schon etwas abgebrauchten Effekt. Der Kandidat aber, der eine neue Formel findet, die jeder bestimmten Bedeutung ermangelt und daher den verschiedensten Ansprüchen zu genügen vermag, erzielt unfehlbar einen Erfolg.

Die blutige spanische Revolution von 1837 kam durch eines jener magischen, schillernden Worte, das jeder nach seiner Weise deuten kann, zustande. Ein zeitgenössischer Autor hat den Ursprung derselben in denkwürdiger Weise berichtet:

„Die Radikalen hatten entdeckt, eine unitarische Republik sei eine verkappte Monarchie, und ihnen zu Gefallen hatten die Cortes einstimmig die föderative Republik proklamiert, ohne daß auch nur einer der Votanten hätte sagen können, was da eben votiert wurde. Aber diese Formel bezauberte alle Welt, es war das ein Rausch, ein Delirium. Die Herrschaft der Tugend und des Glückes war soeben auf Erden begründet worden. Ein Republikaner, dessen Feind ihm den Titel eines Föderalen versagte, war dadurch wie ob eines tödlichen Schimpfwortes beleidigt. Auf den Straßen ging man aufeinander zu mit den Worten: Salud y republica federal! Dann stimmte man der heiligen Disziplinlosigkeit und Autonomie des Soldaten Lobeshymnen an. Was war die „föderative Republik"? Die einen verstanden darunter die Emanzipation der Provinzen, der Institutionen nach dem Muster der Vereinigten Staaten oder die Dezentralisation der Verwaltung, andere wieder dachten an die Beseitigung aller Autorität, an die nahe Eröffnung der sozialen Liquidation. Die Sozialisten aus Barcelona und Andalusien predigten die absolute Souveränität der Gemeinden und forderten, man solle in Spanien zehntausend unabhängige autonome Gemeinden bilden und zugleich die Armee und die Gendarmerie aufheben. Bald sah man in den südlichen Provinzen den Aufstand von Stadt zu Stadt, von Dorf zu Dorf sich ausbreiten. Sobald eine Gemeinde ihr Pronunciamento erlassen, war ihre erste Sorge, den Telegraphen und die Eisenbahnen zu zerstören, um alle Verbindungen mit der Umgegend und mit Madrid aufzuheben. Keinen elenden Flecken gab es, der nicht selbständig sein wollte. Der Föderalismus hatte einem brutalen, mordbrennerischen und mörderischen Kantonalismus Platz gemacht, und überall feierte man blutige Saturnalien."

Um den Einfluß, den logische Darlegungen auf den Geist der Wähler auszuüben vermögen, zu überschätzen, müßte man niemals den Bericht über eine Wählerversammlung gelesen haben. Man tauscht hier Behauptungen, Invektiven, manchmal auch Püffe aus, aber niemals Gründe. Es herrscht nur dann einen Moment Ruhe, wenn ein bedächtigerer Teilnehmer an den Kandidaten eine jener kitzligen Fragen richtet, die die Zuhörerschaft sehr belustigt. Die Zufriedenheit der Gegner dauert aber nicht lange, denn die Stimme des Vorredners wird bald von dem Geheule seiner Gegner übertönt. Als Typus öffentlicher Versammlungen lassen sich folgende, aus hunderten ähnlichen herausgegriffene und den Tagesblättern entnommene Berichte ansehen.

„Nachdem ein Organisator die Anwesenden ersucht hatte, einen Vorsitzenden zu wählen, brach der Sturm aus. Die Anarchisten stürzen vor, um sich des Rednerpultes im Sturm zu bemächtigen. Die Sozialisten verteidigen ihn energisch, man stößt einander, schimpft einander gegenseitig Spion, Bestochener u. dgl., ein Bürger zieht sich mit einem blauen Auge zurück."

„Endlich ist das Pult mitten im Tumult schlecht und recht aufgestellt, und die Tribüne verbleibt dem Genossen X."

„Der Redner läßt eine Salve gegen die Sozialisten los, die ihn unterbrechen und schreien: ‚Trottel, Bandit, Kanaille usw.!' Genosse X. beantwortet diese Schimpfnamen durch Darlegung einer Theorie, wonach die Sozialisten ‚Idioten' oder ‚Possenreißer' sind."

„Die Allemanistische Partei hatte gestern abend im Saale der Kaufmannschaft, in der rue Fauburg-du-Temple, eine große Versammlung zur Arbeiterfeier am 1. Mai einberufen. Das Losungswort lautete: Stille und Ruhe."

„Genosse G . . . behandelt die Sozialisten als ‚Trotteln und Schwindler'."

„Darauf kommen Redner und Zuhörer ins Schimpfen und ins Handgemenge; Stühle, Bänke, Tische treten ins Spiel usw."

Glaube man ja nicht, diese Art der Diskussion sei nur einer bestimmten Klasse von Wählern eigen und von deren sozialen Stellung abhängig. In jeder beliebigen Versammlung, bestehe sie auch nur aus akademisch Gebildeten, nimmt die Diskussion leicht dieselben Formen an. Ich habe dargetan, daß in der Masse die Menschen zur geistigen Gleichwerdung neigen, was jederzeit zu erhärten ist. Als Beispiel diene folgender Auszug aus einem Berichte über eine ausschließlich aus Studenten bestehende Versammlung:

„Je weiter der Abend vorschritt, desto heftiger wurde der Tumult. Ich glaube nicht, daß irgendein Redner zwei Phrasen ohne Unterbrechung vorbringen konnte. Jeden Augenblick ertönten Rufe von einer oder der anderen oder von allen Stellen zugleich; es wurde applaudiert, gepfiffen. Erregte Diskussionen entspannen sich zwischen verschiedenen Zuhörern, Stöcke wurden drohend geschwungen, es wurde auf den Boden im Takte gestampft, den Unterbrechern rief man zu; Hinaus! Auf die Tribüne!"

„Herr C. überschüttet die Vereinigung mit Beiwörtern, wie: hassenswert, feig, ungeheuer, gemein, käuflich, rachsüchtig, und erklärt, er wolle sie vernichten usw."

Es könnte die Frage aufgeworfen werden, wie unter solchen Bedingungen sich die Meinung eines Wählers bilden kann.

Aber eine solche Frage wurde von einem befremdlichen Wahne betreffs der Freiheit, deren sich eine Gesamtheit erfreut, zeugen. Die Massen haben nur eingeflößte, niemals überlegte Urteile.

In unserem Falle liegen die Meinungen und Abstimmungen der Wähler in den Händen der Wahlkomitees, deren Führer oft irgendwelche Schankwirte sind, die auf die bei ihnen Kredit genießenden Arbeiter einen großen Einfluß ausüben. „Wissen Sie, was ein Wahlkomitee ist?" schreibt einer der eifrigsten Verteidiger der gegenwärtigen Demokratie, Scherer. „Ganz einfach der Schlußstein zu unseren Institutionen, das Hauptstück der politischen Maschinerie. Frankreich wird heute von den Komitees regiert." [27]

Es ist denn auch nicht allzu schwer, sie zu beeinflussen, wenn nur der Kandidat annehmbar ist und über genügende Mittel verfügt. Nach den Geständnissen der Geldgeber genügten drei Millionen zur Erlangung der vielfachen Wahl Boulangers.

Dies ist die Psychologie der Wählermassen, sie ist dieselbe, wie die der anderen Massen. Weder besser noch schlechter.

Ich will denn auch aus dem Vorstehenden nichts gegen das allgemeine Stimmrecht ins Treffen führen. Hätte ich über dessen Schicksal zu entscheiden, so würde ich es, so wie es ist, erhalten, und zwar aus praktischen Gründen, die eben aus unserer psychologischen Untersuchung sich ergeben und die ich demgemäß darlegen werde.

Ohne Zweifel sind die Unzuträglichkeiten des allgemeinen Stimmrechts zu sehr in die Augen fallend, als daß man sie verkennen konnte. Es ist nicht zu bestreiten, daß die Zivilisationen das Werk einer kleinen Minderheit überlegener Geister waren, welche die Spitze einer Pyramide bilden, deren Stufen sich in dem Maße verbreitern, als der geistige Wert abnimmt, und welche die tiefen Schichten eines Volkes darstellen. Wahrlich, die Größe einer Kultur kann nicht von der Welt untergeordneter Elemente, die nichts als die Anzahl repräsentieren, abhängen. Auch sind ohne Zweifel die Wahlstimmen der Massen oft sehr gefährlich. Sie haben uns bereits einige Invasionen gekostet, und mit dem Triumphe des Sozialismus werden uns die Einfälle der Volkssouveränität gewiß noch viel teurer zu stehen kommen.

Aber diese in der Theorie vortrefflichen Einwände büßen für die Praxis jede Kraft ein, wenn man sich der unüberwindlichen Macht der zu Dogmen gewordenen Ideen erinnert. Das Dogma der Massensouveränität ist vom philosophischen Standpunkte aus ebensowenig zu verfechten, wie die religiösen Dogmen des Mittelalters, aber es ist heute im absoluten Besitze der Macht. Daher ist es ebenso unangreifbar, wie es einst unsere religiösen Ideen waren. Man denke sich einen modernen Freidenker vermöge einer magischen Gewalt mitten ins Mittelalter versetzt. Glaubt man, er würde, nachdem er die souveräne Macht der damals herrschenden religiösen Ideen erkannt hatte, ihre Bestreitung versucht haben? Hätte er, wenn er in die Hände eines Richters gefallen wäre, der ihn unter der Anschuldigung, einen Pakt mit dem Teufel geschlossen zu haben, verbrennen lassen wollte, daran gedacht, die Existenz des Teufels und des Hexensabbats zu bestreiten? Gegenüber den Überzeugungen der Massen gibt es ebensowenig eine Diskussion wie gegenüber einem Zyklon. Das Dogma des allgemeinen Stimmrechts hat heute die Macht, die einst die Ideen des Christentums besaßen. Redner und Schriftsteller sprechen darüber mit einer Achtung und Schmeichelei, die ein Ludwig XIV. nicht erfahren hat. Hinsichtlich seiner muß man sich ebenso wie hinsichtlich aller religiösen Dogmen verhalten. Die Zeit allein wirkt auf sie.

Es wäre übrigens um so nutzloser, dieses Dogma erschüttern zu wollen, als es sichtliche Gründe für sich hat „In Zeiten der Gleichheit," bemerkt Tocqueville treffend, „haben die Menschen wegen ihrer Ähnlichkeit kein Zutrauen zueinander; dieselbe Ähnlichkeit aber läßt sie dem Urteil der Allgemeinheit fast unbeschränkt vertrauen. Denn es gilt ihnen als unwahrscheinlich, daß, da alle die gleiche Einsicht besitzen, die Wahrheit nicht auf der Seite der größten Anzahl zu finden sein soll."

Darf man nun annehmen, die Abstimmungen der Massen würden durch die Beschränkung des Wahlrechts, wenn man will auf die fähigen, eine Besserung erfahren? Ich kann daran nicht einen Augenblick glauben, und zwar aus den Gründen, die in der geistigen Inferiorität aller wie immer zusammengesetzten Gesamtheiten liegen. In der Masse gleichen sich die Menschen stets einander an, und die Abstimmung von 40 Akademikern über allgemeine Fragen ist nicht besser als jene von 40 Wasserträgern. Ich bin ganz und gar überzeugt, daß keine der dem allgemeinen Wahlrecht so vorgehaltenen Abstimmungen, wie etwa die Erneuerung des Kaisertums, anders ausgefallen sein würde, wären die Abstimmenden ausschließlich aus dem Kreise der

Gelehrten und Literaten genommen worden. Nicht durch die Kenntnis des Griechischen oder der Mathematik, nicht weil er Architekt, Tierarzt, Arzt oder Advokat ist, erwirbt jemand besondere Einsichten betreffs der sozialen Fragen. Alle unsere Nationalökonomen sind gelehrte Leute, meist Professoren und Akademiker. Gibt es nun ein einziges allgemeines Problem, wie der Protektionismus, der Bimetallismus usw., betreffs dessen sie übereinzustimmen vermöchten? Das kommt daher, daß ihre Wissenschaft nur eine sehr geminderte Form der allgemeinen Unwissenheit ist. Angesichts der sozialen Probleme, in denen so viele Unbekannte stecken, wissen die einen ebensowenig als die anderen.

Wenn nun die mit Wissenschaft vollgepfropften Leute für sich allein einen Wahlkörper bildeten, so wären ihre Abstimmungen nicht besser als die von heutzutage. Sie würden sich hauptsächlich durch ihre Gefühle und ihren Korpsgeist leiten lassen. Wir hätten um keine Schwierigkeit weniger und nur noch sicherlich die harte Tyrannei der Kaste dazu.

Beschränkt oder allgemein, in einem republikanischen oder monarchischen Staate, in Frankreich, Belgien, Griechenland, Portugal oder Spanien herrschend, ist die Abstimmung der Massen überall ähnlich, und oft bringt sie die unbewußten Ansprüche und Bedürfnisse der Rasse zum Ausdruck. Der Durchschnitt der Gewählten in jedem Lande stellt die Durchschnittsseele der Rasse dar, die von einer Generation zur anderen so ziemlich die gleiche bleibt.

Und so kommen wir noch einmal auf den von uns so oft vorgefundenen Grundbegriff der Rasse zurück, sowie auf jenen anderen aus dem ersteren sich herleitenden Gedanken, daß im Völkerleben die Institutionen und Regierungen nur eine unwesentliche Rolle spielen. Die Völker werden der Hauptsache nach durch ihre Rassenseele, d. h. durch die Residuen der Vorfahren, deren Summe diese Seele bildet, geleitet. Die Rasse und das Getriebe der täglichen Bedürfnisse: das sind die geheimnisvollen Machte, die unsere Geschicke lenken.

5. Kapitel.
Die Parlamentsversammlungen.

Die Parlamentsversammlungen gehören zu den heterogenen nicht-anonymen Massen. Trotz ihrer nach Zeit und Nation wechselnden Zusammensetzung gleichen sie einander hinsichtlich ihrer Merkmale außerordentlich. Der Rasseneinfluß macht sich hier wohl in der Milderung oder Übertreibung, nicht aber in der Verhinderung der Charakteräußerungen geltend. Die Parlamentsversammlungen der verschiedensten Länder, wie Griechenland, Italien, Portugal, Spanien, Frankreich und Amerika, weisen große Analogien in ihren Verhandlungen und Abstimmungen auf und stellen die Regierungen vor dieselben Schwierigkeiten.

Das parlamentarische Regime stellt übrigens das Ideal aller modernen Kulturvölker dar. Es bringt den psychologisch falschen, aber allgemeingültigen Gedanken zum Ausdruck, daß viele vereinigte Menschen einer klugen und unabhängigen Entscheidung betreffs irgendeiner Materie besser fähig sind als eine kleine Menge.

In den Parlamentsversammlungen finden sich die Grundmerkmale aller Massen wieder: der Simplismus der Ideen, die Erregbarkeit, die Suggestibilität, die Überschwenglichkeit der Gefühle, der überwiegende Einfluß der Führer. Infolge ihrer besonderen Zusammensetzung aber weisen die parlamentarischen Massen einige Unterschiede auf, die wir weiter unten darlegen werden.

Der Simplismus der Anschauungen gehört zu den bedeutsamsten Merkmalen dieser Versammlungen. Bei allen Parteien, namentlich bei den lateinischen Völkern, besteht eine unabänderliche Tendenz zur Lösung der kompliziertesten sozialen Probleme mittels der einfachsten abstrakten Prinzipien und mittels allgemeiner, auf jeden Fall anwendbarer Gesetze.

Natürlich sind die Prinzipien bei jeder Partei verschieden, aber durch ihre bloße Vereinigung zu Massen haben die Individuen stets die Tendenz, den Wert dieser Prinzipien zu überschätzen und die äußersten Folgerungen aus ihnen zu ziehen. Demgemäß repräsentieren die Parlamente vorzüglich die extremen Ansichten.

Den vollkommensten Typus des Simplismus der Versammlungen haben die Jakobiner der großen Revolution verwirklicht. Insgesamt Dogmatiker und Logiker, den Kopf voll vager Allgemeinheiten, waren sie bemüht, unbekümmert um die Tatsachen feste Grundsatze anzuwenden; es konnte mit Recht gesagt werden, sie hätten die Revolution durchquert, ohne sie zu sehen. Mit ihren überaus einfachen Grundsätzen glaubten sie, eine Gesellschaft von Grund aus neu organisieren und eine raffinierte Zivilisation zu einer früheren Phase der Gesellschaftsentwicklung zurückbringen zu können. Den gleichen absoluten Simplismus lassen auch die Mittel, deren sie sich zur Verwirklichung ihres Traumes bedienten, erkennen. In Wirklichkeit beschränkten sie sich auf die gewaltsame Zerstörung dessen, was sie störte. Übrigens beseelte alle: Girondisten, Bergpartei, Thermidorianer usw., derselbe Geist.

Die parlamentarischen Massen sind Suggestionen sehr zugänglich, und die Suggestion geht hier wie bei den übrigen Massen von prestigebegabten Führern aus. Aber in den Parlamentsversammlungen hat die Suggestibilität sehr scharfe Grenzen, die zu verzeichnen von Wichtigkeit ist.

Betreffs aller Fragen von lokalem oder regionalem Interesse hat jedes Mitglied einer Versammlung feste, unverrückbare Ansichten, die durch kein Argument zu erschüttern sind.
Nicht einmal das Talent eines Demosthenes vermochte die Abstimmung eines Abgeordneten über Fragen wie der Protektionismus oder das Privileg der Branntweinbrenner, welches Forderungen einflußreicher Wähler darstellt, zu ändern. Die vorangehende Suggestion seitens dieser Wähler ist stark genug, um alle anderen Suggestionen aufzuheben und eine absolute Festigkeit der Ansicht aufrechtzuerhalten. [28]

Über allgemeine Fragen aber, wie Sturz eines Ministeriums, Auflage einer Steuer usw., besteht keinerlei Meinungsfestigkeit, und hier können die Suggestionen der Führer zur Geltung kommen, aber nicht ganz so wie bei einer gewöhnlichen Masse. Jede Partei hat ihre Führer, die oft gleichen Einfluß besitzen. Die Folge davon ist, daß der Abgeordnete sich zwischen gegensätzlichen Suggestionen befindet und unvermeidlich sehr zögernd wird. Daher sieht man ihn oft nach Verlauf einer Viertelstunde in entgegengesetzter Weise abstimmen und einem Gesetze einen es zunichtemachenden Zusatz hinzufügen, z. B. den Industriellen das Recht der Auswahl und Entlassung ihrer

Arbeiter nehmen und dann diese Maßnahmen durch ein Amendement so ziemlich annullieren.

Aus diesem Grunde hat eine Kammer in jeder Legislaturperiode neben sehr festen auch sehr unbestimmte Anschauungen. Da im Grunde die allgemeinen Fragen am zahlreichsten sind, so herrscht die Unentschiedenheit vor, durch die ständige Furcht vor dem Wähler genährt, dessen latente Suggestion stets dem Einfluß der Führer das Gegengewicht zu halten geeignet ist.

Und doch sind zuletzt die Führer die eigentlichen Herren in den zahlreichen Versammlungen, wo die Versammlungsmitglieder keine entschiedenen Ansichten im voraus besitzen.

Die Notwendigkeit dieser Führer liegt auf der Hand, denn man findet sie unter dem Namen von Parteihäuptern in den Versammlungen aller Länder. Sie sind die wahren Gebieter der Versammlung. Ohne einen Herren könnten die zu Massen vereinigten Menschen nicht sein. Und so repräsentieren die Stimmen einer Versammlung im allgemeinen nur die Anschauungen einer kleinen Minderheit.

Die Führer wirken sehr wenig durch ihre Ausführungen, viel aber durch ihr Prestige. Den besten Beweis dafür liefert der Umstand, daß sie nach Verlust dieses Prestige keinen Einfluß mehr haben.

Dieses Führerprestige ist individuell und hat nichts mit Namen und Berühmtheit zu tun. Jules Simon gibt uns, wo er über die großen Männer der Versammlung von 1848 spricht, recht interessante Beispiele dafür:

„Louis Napoleon war noch zwei Monate vor seiner Allgewalt nichts."

„Victor Hugo bestieg die Rednerbühne — ohne Erfolg. Er wurde, wie Felix Pyat, angehört, aber er hatte nicht den gleichen Beifall. ‚Ich bin,‘ sagte mir Vaulabelie betreffs Felix Pyat, ‚kein Freund seiner Ideen, aber er ist ein großer Schriftsteller und der größte Redner Frankreichs.‘ Edgard Quinet, dieser seltene und mächtige Geist, galt nichts. Vor der Versammlung hatte er seinen Moment der Popularität gehabt, in der Versammlung hatte er keinen."

„Die politischen Versammlungen sind jene Stätte, wo der Glanz des Genies am wenigsten zur Geltung kommt. Man schätzt hier nur eine der Zeit und dem Orte angemessene Beredsamkeit und die nicht dem Vaterlande, sondern der Partei erwiesenen Dienste. Damit Lamartine im Jahre 1848 und Thiers 1871 zur Anerkennung kamen, bedurfte es des Antriebes des dringenden, unabweislichen Interesses. Als die Gefahr vorüber war, war man mit der Furcht auch die Dankbarkeit los."

Ich habe die Stelle wegen der Tatsachen, die sie enthält, nicht wegen der dort gelieferten Erklärungen angeführt; diese sind von einer mittelmäßigen Psychologie. Eine Masse würde ihren Massencharakter sogleich einbüßen, würde sie den Führern ihre Dienste, mögen diese nun dem Vaterlande oder der Partei erwiesen worden sein, anrechnen. Die dem Führer folgende Masse unterliegt dessen Prestige, ohne daß ein Gefühl des Interesses oder der Dankbarkeit ins Spiel kommt.

Der mit einem hinlänglichen Prestige begabte Führer besitzt denn auch eine fast unbeschränkte Gewalt. Bekannt ist der riesige Einfluß, den, dank seinem Prestige, ein berühmter Abgeordneter jahrelang besaß, der dann im Gefolge gewisser finanzieller Vorkommnisse bei den letzten

Wahlen unterlegen ist. Auf ein bloßes Zeichen von ihm waren die Minister gestürzt. Ein Schriftsteller hat die Tragweite seines Wirkens wie folgt klar gezeichnet:

„Herrn X (...) besonders verdanken wir es, daß wir Tonking dreimal so teuer erkauft haben, als es hätte kosten dürfen, daß wir auf Madagaskar nur eine unsichere Position erlangt haben, daß wir um ein ganzes Reich am unteren Niger gekommen sind, daß wir in Ägypten unsere ehemalige Vorherrschaft eingebüßt haben. — Die Theorien des Herrn X (...) haben uns mehr an Territorium gekostet als die Niederlagen Napoleons I."

Wir dürfen dem betreffenden Führer nicht zu sehr zürnen. Gewiß ist er uns teuer zu stehen gekommen, aber ein großer Teil seines Einflusses hing mit seiner Anschmiegung an die ordentliche Meinung zusammen, die in kolonialen Fragen keineswegs die von heute war. Selten schreitet ein Führer der öffentlichen Meinung voran, fast immer begnügt er sich damit, ihr zu folgen und alle ihre Irrtümer zu teilen.

Die Überredungsmittel der Führer sind, abgesehen vom Prestige, die von uns schon wiederholt aufgezählten Faktoren. Zu deren geschickten Handhabung muß der Führer, wenigstens unbewußt, die Psychologie der Massen erfaßt haben und wissen, wie man zu ihnen zu sprechen hat. Vor allem muß er den faszinierenden Einfluß der Worte, Formeln und Bilder kennen. Er muß eine besondere Beredsamkeit besitzen, zusammengesetzt aus energischen, beweislosen Behauptungen und eindrucksvollen, von ganz summarischen Reflexionen umrahmten Bildern. Es ist das eine Art der Beredsamkeit, die sich in allen Versammlungen, inbegriffen dem englischen Parlament, dem reifsten von allen, findet.

„Wir können," bemerkt der englische Philosoph Maine, „beständig über Verhandlungen im Hause der Gemeinen lesen, in denen alle Diskussionen im Austausch recht schwacher Gemeinplatze und recht großer Anzüglichkeiten besteht. Auf die Phantasie einer reinen Demokratie übt diese Art allgemeiner Formeln eine wunderbare Wirkung aus. Stets wird sie die Tendenz haben, daß eine Masse allgemeinen Sätzen, die mit eindrucksvollen Worten vorgebracht werden, zustimmt, wiewohl sie niemals bewahrheitet und vielleicht auch einer Verifikation gar nicht fähig sind."

Die Bedeutung der „Schlagworte" wie sie in dem obigen Zitat zutage tritt, kann nicht überschätzt werden. Schon öfter haben wir die besondere Macht der Worte und Formeln betont. Sie müssen so gewählt werden, daß sie sehr lebhafte Bilder hervorrufen. Folgende, einer Rede eines unserer Versammlungsleiter entnommene, Phrase gibt uns eine schöne Probe davon:

„An dem Tage, da dasselbe Schiff den unlauteren Politiker und den mörderischen Anarchisten nach den Fieberländern der Verbannung bringen wird, werden sie miteinander sich besprechen können und werden einander gegenseitig als die beiden komplementären Seiten derselben Gesellschaftsordnung erscheinen."

Das dadurch hervorgerufene Bild ist recht anschaulich, und alle Gegner des Redners fühlen sich durch dasselbe bedroht. Sie sehen mit einem Male die Fieberländer, das Fahrzeug, das sie hinführen kann; denn gehören sie nicht vielleicht zur wenig abgegrenzten Klasse der bedrohten

Politiker? Sie empfinden demnach die gleiche dumpfe Angst, welche die Konventmitglieder haben empfinden müssen, welche durch die vagen Reden Robespierres mehr oder weniger mit der Guillotine bedroht wurden und die ihm unter dem Drucke dieser Furcht stets nachgaben.

Die Führer haben alle ein Interesse, in die unwahrscheinlichsten Übertreibungen zu verfallen. Der Redner, von dem ich soeben eine Phrase zitierte, konnte ohne großen Protest behaupten, die Bankiers und die Priester hatten Bombenwerfer in ihrem Solde und die Verwaltungsrate der großen Finanzgesellschaften verdienten dieselbe Strafe wie die Anarchisten. Auf die Massen wirken solche Sätze immer. Nie ist die Behauptung zu stark, die Deklamation zu drohend. Nichts erschüttert die Zuhörer mehr als diese Beredsamkeit. Sie fürchten, durch ihren Widerspruch als Verräter oder Mitschuldige zu gelten.

Diese eigene Beredsamkeit hat, wie gesagt, stets alle Versammlungen beherrscht; in kritischen Zeiten ist sie nur noch prononzierter. In dieser Beziehung ist die Lektüre der Ansprachen der großen Redner, welche die Revolutionsversammlungen zusammensetzten, sehr interessant. Jeden Augenblick glaubten sie, innehalten zu müssen, um das Verbrechen zu verdammen und die Tugend auf den Schild zu heben; dann brachen sie in Verwünschungen gegen die Tyrannen aus und schworen, als Freie zu leben oder zu sterben. Die Zuhörerschaft erhob sich, applaudierte frenetisch und ließ sich dann wieder nieder.

Zuweilen kann der Führer intelligent und gebildet sein, aber das schadet ihm in der Regel mehr, als es ihm nützt. Die Intelligenz, welche die Kompliziertheit der Dinge zeigt und ein Erklären und Begreifen gestattet, macht stets nachgiebig und vermindert erheblich die Kraft und Gewalt der den Aposteln nötigen Überzeugungen. Die großen Führer aller Zeiten, besonders die der Revolution, waren kläglich beschränkt, und gerade die beschränktesten haben den größten Einfluß ausgeübt.

Die Reden des berühmtesten unter ihnen, Robespierres, verblüffen oft durch ihre Zusammenhangslosigkeit. Bei der bloßen Lektüre derselben findet man keine plausible Erklärung für die ungeheure Rolle des mächtigen Diktators:

„Gemeinplätze und Wortschwälle pädagogischer Beredsamkeit und lateinischer Bildung im Dienste eines mehr kindischen als platten Geistes, der sich im Angriff und in der Abwehr auf das ‚komm nur her' der Schüler zu beschränken scheint. Nicht ein Gedanke, keine Wendung, kein Zug — die Langweile im Sturm. Nach dieser niederschlagenden Lektüre hat man Lust, mit dem liebenswürdigen Camille Desmoulins ‚O weh!' zu seufzen."

Man erschrickt zuweilen, denkt man an die Macht, welche ein mit Prestige begabter Mann durch die Vereinigung einer starken Überzeugung mit einer besonderen Geistesbeschränktheit erlangt. Es bedarf aber dieser Bedingungen, um die Widerstände zu übersehen und um wollen zu können. Instinktiv erkennen die Massen in diesen kraftvollen Überzeugten den von ihnen allezeit benötigten Gebieter.

Der Erfolg einer Rede in einer Parlamentsversammlung hängt fast ausschließlich vom Prestige des Redners, ganz und gar nicht aber von den Gründen, die er vorbringt, ab. Beweis dafür ist der Verlust seines Einflusses, d. h. der Macht der beliebigen Stimmenleitung, zugleich mit dem Verlust des Prestige des Redners.

Ein unbekannter Redner, dessen Rede gute Argumente, aber auch nicht mehr enthält, hat keinerlei Aussicht, auch nur angehört zu werden. Ein alter Abgeordneter, Herr Deseube, hat das Bild des prestigelosen Deputierten wie folgt entworfen:

„Sobald er die Rednerbühne bestiegen hat, entnimmt er seiner Aktentasche einen Aktenstoß, den er planmäßig vor sich ausbreitet, und dann beginnt er voll Zuversicht."

„Er glaubt, er werde die Überzeugung, von der er beseelt wird, in die Seele der Hörer verpflanzen. Er hat seine Argumente erwogen und wieder erwogen, ist von Ziffern und Beweisen erfüllt, ist sicher, recht zu haben. Vor der Evidenz seiner Darlegungen wird aller Widerstand schwinden. Er beginnt, auf sein gutes Recht und auf die Aufmerksamkeit seiner Kollegen vertrauend, die ja gewiß sich nur vor der Wahrheit beugen wollen."

„Er spricht — und sogleich verwundert ihn die Bewegung im Saale, er ist durch den entstandenen Lärm etwas erregt."

„Warum wird es nicht ruhig? Weshalb diese allgemeine Unaufmerksamkeit? Woran denken denn diejenigen, die miteinander sprechen? Welches dringende Motiv veranlaßt jenen anderen, seinen Platz zu verlassen?"

„Unruhe befällt ihn; er runzelt die Stirn, hält ein. Durch den Vorsitzenden ermutigt, fährt er mit erhobener Stimme fort. Dieselbe Unachtsamkeit. Er spricht lauter, agitiert — der Lärm um ihn steigert sich nur. Er versteht sich selbst nicht mehr, hält wieder ein und spricht dann weiter, aus Furcht, sein Stillschweigen könne den Schluß!-Ruf herbeiführen. Der Lärm wird unerträglich."

Sobald die Parlamentsversammlungen in einen gewissen Grad der Erregung geraten sind, gleichen sie völlig den gewöhnlichen heterogenen Massen, und ihre Gefühle weisen demnach die Besonderheit auf, stets extremer Art zu sein. Sie werden dann zu den größten Heldentaten oder zu den ärgsten Ausschreitungen fähig sein. Das Individuum ist hier nicht mehr es selbst, und zwar so wenig, daß es für die seinen Eigeninteressen entgegengesetztesten Maßnahmen stimmen wird.

Die Geschichte der Revolution zeigt uns, in welchem Maße die Versammlungen unbewußt werden und den ihren Interessen entgegengesetzten Suggestionen gehorchen können. Für den Adel war es ein riesiges Opfer, auf seine Privilegien zu verzichten, und doch tat er es in einer berühmten Nacht der Konstituante. Für die Konventsmitglieder bedeutete der Verzicht auf ihre Unverletzlichkeit eine ständige Todesandrohung, und doch leisteten sie ihn und fürchteten nicht, einander wechselseitig zu dezimieren, obzwar sie genau wußten, das Schafott, auf das sie ihre Kollegen heute schickten, sei ihnen selbst für morgen vorbehalten. Aber sie waren bei jenem Grade des Automatismus angelangt, den ich geschildert habe, und kein Bedenken konnte sie hindern, den sie hypnotisierenden Suggestionen zu gehorchen. Folgende Stelle aus den Memoiren eines von ihnen, Billaud-Varennes, ist in dieser Hinsicht durchaus typisch: „Die uns so vorgeworfenen Entscheidungen wollten wir zwei Tage, einen Tag vorher meist selbst nicht, nur die Krise gab sie ein." Nichts ist zutreffender.

Dieselben Phänomene des Unbewußten treten während aller stürmischen Sitzungen des Konvents auf.

„Sie billigen und beschließen," sagt Taine, „wovor sie Abscheu haben, nicht bloß Dummheiten und Narrheiten, sondern Verbrechen, Ermordung Unschuldiger, Freundesmord. Die mit der Rechten verbundene Linke schickt einmütig und unter dem größten Beifall ihr natürliches Haupt, Danton, den großen Förderer und Leiter der Revolution, aufs Schafott. In ebensolcher Weise stimmt, mit der Linken einig, die Rechte für die schlimmsten Beschlüsse der revolutionären Regierung. Einmütig, unter Bezeugungen der Bewunderung und des Enthusiasmus und lebhaften Sympathiekundgebungen für Collot d'Herbois, Couthon, Robespierre, halt mittels spontaner, vielfacher Wiederwahl der Konvent die mörderische Regierung aufrecht, welche die Talpartei wegen ihrer Mordtaten haßt und die Bergpartei verabscheut, weil sie durch jene dezimiert wird. Tal und Berg, Majorität und Minorität sind schließlich gewillt, ihren eigenen Selbstmord zu fördern. Am 22. Prairial hat der ganze Konvent den Hals hingestreckt, am 8. Thermidor, wahrend der ersten Viertelstunde nach der Rede Robespierres, wieder."

Das Bild kann zwar düster erscheinen, ist aber treu. Die genügend erregten und hypnotisierten Parlamentsversammlungen weisen dieselben Kennzeichen auf. Sie werden zu einer allen Impulsen gehorchenden wandelbaren Herde. Folgende Schilderung der Versammlung von 1848 aus der Feder eines Parlamentariers von unzweifelhafter demokratischer Gesinnung, des Herrn Spuller, ist recht typisch; ich entnehme sie der „Revue littéraire". Es finden sich daselbst alle die überschwenglichen Gefühle der Massen, die ich beschrieben habe, sowie jene außerordentliche Wandelbarkeit, die es ermöglicht, in jedem Augenblick die Leiter der entgegengesetzten Gefühle zu durchfliegen.

„Zwietracht, Eifersucht, Verdacht und dann wieder blindes Vertrauen und schrankenlose Hoffnungen haben die republikanische Partei vernichtet. Ihre Naivität und Einfalt kam nur ihrem universellen Mißtrauen gleich. Kein Sinn für Gesetzlichkeit, kein Geist der Disziplin, Besorgnisse und Illusionen ohne Maß: Bauern und Kinder gleichen sich in dieser Hinsicht. Ihre Ruhe wetteifert mit ihrer Ungeduld. Ihre Wildheit kommt ihrer Folgsamkeit gleich. Ein Temperament, das nicht reif ist, und ein Mangel an Erziehung. Nichts setzt sie in Erstaunen, alles verwirrt sie. Zitternd, furchtsam, unverzagt, heroisch zugleich, werden sie sich in die Flammen stürzen und vor einem Schatten zurückweichen. Die Wirkungen und Beziehungen der Dinge sind ihnen unbekannt. Ebenso schnell entmutigt wie erregt, allen Paniken unterworfen, stets zu hoch oder zu niedrig, niemals mit dem nötigen Grade und Maße. Beweglicher als das Wasser, reflektieren sie alle Farben und nehmen sie alle Formen an. Welche Basis für die Regierung kann man bei ihnen erhoffen?"

Zum Glück äußern sich die von uns geschilderten Eigenschaften keineswegs ständig. Die Parlamentsversammlungen sind nur in bestimmten Momenten Massen. In vielen Fällen bewahren die ihnen angehörenden Individuen ihre Individualität. Daher kann denn auch eine Versammlung vorzügliche, sachgemäße Gesetze ausarbeiten. Allerdings haben dieselben einen Fachmann zum Urheber, der sie im stillen Arbeitszimmer vorbereitet hat, und das abgestimmte Gesetz ist in Wahrheit das Werk eines Individuums, nicht einer Versammlung. Natürlich sind das die besten Gesetze. Unheilvoll werden sie nur, wenn sie durch eine Reihe von Amendements kollektiv werden. Das Werk einer Masse ist stets und überall geringwertiger als das eines isolierten Individuums. Es sind die Fachmänner, die die Versammlungen vor allzu sinnlosen, unerfahrenen Maßnahmen bewahren. Der Fachmann ist dann momentan ein Führer; die Versammlung wirkt nicht auf ihn, sondern er auf sie.

Trotz aller Schwierigkeiten ihrer Funktion stellen die Parlamentsversammlungen noch das Beste dar, was die Völker zu ihrer Regierung und namentlich zur möglichsten Befreiung vom Joche persönlicher Tyrannei herausgefunden haben. Sie sind sicher das Ideal einer Regierung, wenigstens für Philosophen, Denker, Schriftsteller, Künstler und Gelehrte, kurz für alles, was den Gipfel der Kultur darstellt.

Übrigens bringen sie nur zwei ernstliche Gefahren mit sich: erstens die Verschwendung der Finanzen, zweitens die progressive Beschränkung der individuellen Freiheit.

Die erste Gefahr ist die notwendige Folge der kurzsichtigen Ansprüche der Wählermassen. Wenn ein Parlamentsmitglied eine Maßnahme in Vorschlag bringt, die demokratischen Ideen sichtlich entspricht, wie eine allgemeine Arbeiterpension, die Erhöhung des Gehaltes der Bahnwärter, Lehrer usw., so werden die anderen, durch die Furcht vor den Wählern suggestionierten Abgeordneten sich nicht den Anschein geben wollen, als ob sie die Interessen jener durch Ablehnung der proponierten Maßnahme mißachteten, obwohl sie wissen, daß sie das Budget stark beschweren und die Auflegung neuer Steuern herbeiführen wird. Sie können nicht zaudern, dafür zu stimmen. Während die Folgen der Ausgabenvermehrung in der Ferne liegen und für sie keine unangenehmen Wirkungen haben, könnten die Folgen einer negativen Abstimmung schon an dem nächsten Tage, wo sie sich dem Wähler vorstellen müssen, klar ersichtlich werden.

Außer dieser ersten Ursache der Überspannung der Ausgaben besteht noch eine andere, nicht weniger gebieterische: die Verpflichtung, alle Ausgaben von rein lokalem Interesse zu bewilligen. Ein Abgeordneter kann sich ihnen nicht widersetzen, weil sie ebenfalls Forderungen der Wähler darstellen und weil jeder Abgeordnete das für seinen Wahlbezirk Benötigte nur dann erlangen kann, wenn er den entsprechenden Forderungen seiner Kollegen willfährt. [29]

Die zweite der oben erwähnten Gefahren, die notwendige Einschränkung der Freiheit durch die Parlamentsversammlungen, ist zwar weniger sichtbar, aber doch sehr real. Sie ist eine Folge der zahllosen, stets beschränkenden Gesetze, deren Konsequenzen die kurzsichtigen Parlamente nicht bemerken und für die sie stimmen zu müssen glauben.

Diese Gefahr muß wohl unvermeidlich sein, denn selbst England, gewiß der vollkommenste Typus des parlamentarischen Regime, wo der Abgeordnete am unabhängigsten vom Wähler ist, vermochte nicht, ihr zu entgehen. Herbert Spencer hatte in einer früheren Arbeit dargetan, die Zunahme der scheinbaren müsse von der Abnahme der wirklichen Freiheit begleitet sein. In seiner späteren Schrift „Man versus state" nimmt er diese These wieder auf und sagt über das englische Parlament folgendes:

„Die Gesetzgebung hat seit dieser Zeit den von mir angegebenen Lauf genommen. Sich rasch vervielfachende diktatorische Maßnahmen haben die stete Tendenz gehabt, die individuelle Freiheit zu beschränken, und zwar auf zweifache Weise: gesetzliche Regelungen sind, mit jedem Jahre mehr, aufgetreten, die dem Bürger dort, wo früher sein Handeln völlig frei war, eine Beschränkung auferlegen und ihn zur Ausübung von Handlungen zwingen, die er früher beliebig begehen oder unterlassen konnte. Zugleich haben immer drückender werdende, besonders lokale Abgaben seine Freiheit von vornherein beschränkt, indem sie den von ihm nach Gefallen auszugebenden Teil seiner Einkünfte beschnitten und den Teil vermehrten, der ihm genommen wird, um nach dem Willen der öffentlichen Gewalten verausgabt zu werden."

Diese progressive Freiheitsbeschränkung bekundet sich in allen Ländern in einer besonderen, von Spencer nicht angegebenen Weise: die Schaffung jener unzähligen Reihen gesetzlicher Maßnahmen allgemein beschränkender Art führt notwendig zur Vermehrung der Menge, der Macht und des Einflusses der mit deren Anwendung betrauten Funktionäre. Sie haben so die wachsende Tendenz, die wahren Gebieter der Kulturländer zu werden. Ihre Macht ist um so größer, als in dem unaufhörlichen Machtwechsel bloß die administrative Kaste ihr entgeht, da sie die einzige ist, die unverantwortlich, unpersönlich und perpetuell ist. Nun gibt es keinen Despotismus, der härter ist als jener, der in dieser dreifachen Gestalt auftritt.

Diese fortwährende Schaffung von Gesetzen und Beschränkungsmaßnahmen, die mit byzantinischen Formalitäten die unbedeutendsten Lebensakte umgeben, hat zur notwendigen Folge die zunehmende Einengung der Sphäre, in der sich die Bürger frei bewegen können. Ein Opfer der Illusion, die Freiheit und die Gleichheit würden durch

Vermehrung der Gesetze besser gesichert, werden die Völker immer mehr durch sie gehemmt.

Sie nehmen diese Hemmungen nicht ungestraft auf sich. Gewohnt, jede Art von Joch zu ertragen, suchen sie ein solches bald auf und büßen zuletzt alle Spontaneität und Energie ein. Sie sind dann nur wesenlose Schatten, passive Automaten, willen-, widerstands- und kraftlos.

Die Kräfte, die der Mensch in sich selber nicht mehr findet, muß er dann außerhalb seiner suchen. Mit der wachsenden Indifferenz und Ohnmacht der Bürger muß die Bedeutung der Regierungen noch mehr wachsen. Sie müssen nun den Unternehmungsgeist und die Initiative besitzen, welche die Spießbürger nicht mehr haben. Sie haben alles zu unternehmen, zu leiten, zu schützen. Der Staat wird zum allmächtigen Gotte. Die Erfahrung lehrt aber, daß die Macht solcher Götter niemals sehr dauerhaft und niemals sehr stark war.

Diese progressive Freiheitsbeschränkung bei gewissen Völkern bei äußerlicher Ungebundenheit, die ihnen die Illusion der Freiheit gewährt, scheint eine Folge ihres Alters und auch des Regimes zu sein. Sie stellt eines der Vorzeichen jener Phase der Entartung dar, der bisher noch keine Kultur hat entgehen können.

Darf man nach den Lehren der Vergangenheit und nach den allerseits sich zeigenden Symptomen urteilen, so sind mehrere von unseren modernen Kulturen bei dieser, der *Decadence* vorangehenden, Phase des höchsten Greisenalters angelangt. Identische Phasen scheinen für alle Völker eine Notwendigkeit zu bedeuten, da sie in der Geschichte so oft auftreten.

Es ist leicht, diese Phasen allgemeiner Kulturentwicklung summarisch zu kennzeichnen, und dies soll den Beschluß unserer Arbeit bilden.

*

Betrachten wir in großen Zügen das Wesen der Größe und des Verfalls der Kulturen der Vergangenheit, so sehen wir folgendes:

Im Aufgange dieser Kulturen eine Menschengruppe von verschiedener Abstammung, durch Wanderungen, Einfälle und Eroberungen zufällig vereinigt. Verschiedenen Blutes, verschiedener Sprache und Anschauungen haben diese Menschen kein Vereinigungsband als das halb anerkannte Gesetz eines Häuptlings. In diesem bunten Haufen finden sich die psychologischen Merkmale der Massen im höchsten Maße. Sie weisen deren momentanen Zusammenhang, die Heldentaten, die Schwächen, die Impulse und Gewalttätigkeiten auf. Nichts ist bei ihnen stabil. Es sind Barbaren.

Die Zeit tut ihr Werk. Die Gleichheit des Milieu, die wiederholten Kreuzungen, das Bedürfnis eines Gemeinschaftslebens üben ihren Einfluß aus. Der Haufen verschiedener Elemente beginnt zu verschmelzen und eine Rasse, d. h. ein Aggregat mit gemeinsamen Eigenschaften und Gefühlen, die durch Vererbung sich immer mehr befestigen, zu bilden. Die Masse ist ein Volk geworden, und dieses Volk kann die Barbarei verlassen.

Gänzlich wird dies aber erst dann geschehen, wenn es nach langen Anstrengungen, unaufhörlich wiederholten Kämpfen und unzähligen Ansätzen ein Ideal erworben hat. Welcher Art dieses auch sei, ob der Kultus Roms, die Macht

Athens oder der Triumph Allahs, es wird imstande sein, allen Mitgliedern der sich bildenden Rasse eine vollkommene Einheit des Fühlens und Denkens zu verleihen.

Nun kann eine neue Kultur mit ihren Institutionen, Überzeugungen und Künsten erstehen. Von ihrem Traume fortgerissen, wird die Rasse nach und nach alles gewinnen, was Glanz, Kraft, Größe verleiht. Manchmal wird sie zweifellos eine Masse sein, aber hinter den wandelbaren und wechselnden Eigenschaften der Masse wird sich das feste Substrat, die Rassenseele finden, welche die Schwingungsweite eines Volkes eng begrenzt und den Zufall regelt.

Nach Vollzug ihrer schöpferischen Wirkung aber beginnt die Zeit jenes Zerstörungswerk, dem weder Götter noch Menschen entgehen. Ist die Kultur auf einem gewissen Niveau der Macht und Kompliziertheit angelangt, so hört sie zu wachsen auf und ist dann gleich zum baldigen Niedergange verurteilt. Die Stunde des Alterns wird ihr schlagen.

Diese unentrinnbare Stunde ist stets durch die Schwächung des Ideals gekennzeichnet, welches die Rassenseele erhob. In dem Maße, als dieses Ideal verbleicht, beginnen alle religiösen, politischen und sozialen Gebilde, die durch dasselbe inspiriert wurden, zu wanken.

Mit dem fortschreitenden Schwinden ihres Ideals verliert die Rasse immer mehr das, was ihren Zusammenhalt, ihre Einheit und Stärke bildete. Das Individuum kann an Persönlichkeit und Intelligenz wachsen, zugleich tritt aber an die Stelle des Kollektivegoismus der Rasse eine extreme Entfaltung des Individualegoismus, die von einer Schwächung des Charakters und einer Verringerung der Tatkraft begleitet ist. Was erst ein Volk, eine Einheit, einen Block bildete, wird zuletzt ein Haufen zusammenhangloser Individuen, die nur noch künstlich durch die Traditionen und Institutionen zusammengehalten werden. Und dann tritt der Fall ein, daß die durch ihre Interessen und Ansprüche getrennten Menschen, die sich nicht mehr zu regieren vermögen, in den unbedeutendsten Handlungen regiert zu werden verlangen und daß der Staat seinen alles absorbierenden Einfluß ausübt.

Mit dem endgültigen Verluste des früheren Ideals verliert zuletzt die Rasse gänzlich ihre Seele, sie ist dann nur noch eine Menge isolierter Individuen und wird wieder zu dem, was sie an ihrem Ausgangspunkte war: zu einer Masse. Sie hat jetzt alle flüchtigen, unbeständigen und zukunftslosen Eigenschaften dieser. Die Kultur ist jetzt ohne Festigkeit und allen Zufällen preisgegeben. Der Pöbel herrscht, und die Barbaren dringen vor. Noch kann die Zivilisation glänzend erscheinen, weil sie die von einer langen Vergangenheit geschaffene äußere Fassade besitzt, in Wahrheit aber ist sie ein morscher Bau, der keine Stütze hat und beim ersten Sturm zusammenbrechen wird.

Von der Barbarei, einem Traume nachgehend, zur Zivilisation, dann, sobald dieser Traum seine Kraft eingebüßt, zu Niedergang und Tod — das ist der Zyklus eines Volkslebens.

Fußnoten

[1] Les lois psychologiques de revolution des peuples, 1894. Vgl. L'homme et les sociétés, 1878; Psychol, du socialisme, 1902 u. a. — Vgl. Eisler, Philosophen-Lexikon, Berlin 1912. Philosophie des Geisteslebens, Stuttgart, 1908.

[2] Übrigens verstanden sich seine klügsten Ratgeber nicht besser darauf. Talleyrand schrieb ihm, „Spanien würde seine Soldaten als Befreier empfangen". Es empfing sie wie Raubtiere. Ein mit den erblichen Instinkten der Rasse vertrauter Psychologe hätte diesen Empfang leicht voraussehen können.

[3] Die wenigen Autoren, die sich mit dem psychologischen Studium der Massen abgaben, haben sie, wie gesagt, nur in kriminologischer Hinsicht untersucht. Da ich diesem Gegenstande nur ein kurzes Kapitel dieses Werkes gewidmet habe, so verweise ich den Leser hinsichtlich dieses Spezialgebietes auf die Arbeiten von Tarde und die Schrift von Sighele: „Die kriminellen Massen". Letztere Arbeit enthält keinen einzigen originellen Gedanken, gibt aber eine Zusammenstellung von Tatsachen, die der Psychologe verwerten kann. Übrigens sind meine Folgerungen betreffs der Kriminalität und Moralität der Massen jenen der von mir genannten Autoren durchaus entgegengesetzt.

In meiner Schrift „Die Psychologie des Sozialismus" findet man einige Folgerungen aus den die Massenpsychologie beherrschenden Gesetzen. Diese Gesetze finden übrigens auf den verschiedensten Gebieten Anwendung. Der Direktor des Königlichen Konservatoriums in Brüssel, A.

Gevaert, hat von den Gesetzen, die ich in einer musikalischen Abhandlung darlegte — er nennt die Musik treffend eine „Massenkunst" — eine bemerkenswerte Anwendung gemacht. „Ihre beiden Werke," schrieb mir dieser ausgezeichnete Lehrer bei Übersendung seiner Arbeit, „haben mir die Lösung eines von mir früher als unlöslich betrachteten Problems geboten: die erstaunliche Eignung jeder Masse, ein neues oder altes, einheimisches oder fremdes, einfaches oder zusammengesetztes Tonstück zu empfinden, vorausgesetzt, daß es schön gespielt wird und daß die Musiker einen begeisterten Dirigenten haben." Herr Gevaert zeigt vortrefflich, warum „ein Werk, welches von ausgezeichneten Musikern bei Durchsicht der Partitur in der Einsamkeit ihrer Stube unverstanden blieb, oft von einem jeder technischen Bildung ermangelnden Auditorium ohne weiteres erfaßt wird. Ebensogut zeigt er, weshalb diese ästhetischen Eindrücke spurlos verlaufen.

[4] Vgl. die Schriften von Rossi, Vierkandt, Michels, O. Stoll, Simmel, Orano u. a.

[5] Diejenigen, welche die Belagerung von Paris mitgemacht haben, sahen viele Fälle dieser Leichtgläubigkeit der Massen gegenüber den unwahrscheinlichsten Dingen. Ein Kerzenlicht in einem höheren Stockwerk galt sofort als ein den Belagerern gegebenes Zeichen, so klar es doch nach wenigen Augenblicken der Überlegung wird, daß es jenen unmöglich war, aus einer Entfernung von mehreren Meilen den Schein dieser Kerze wahrzunehmen.

[6] „Éclair" vom 21. April 1895.

[7] Wissen wir auch nur von einer einzigen Schlacht, wie sie sich wirklich abgespielt hat? Ich zweifle sehr. Wir kennen Sieger und Besiegte, aber wohl nichts weiter. Was d'Harcourt über die Schlacht bei Solferino, die er mitgemacht und gesehen hat, berichtet, gilt für alle Schlachten: „Die Generäle (natürlich durch Hunderte von Mitteilungen unterrichtet, geben ihre offiziellen Berichte ab; die mit der Verbreitung der Ordres betrauten Offiziere modifizieren diese Dokumente und redigieren den definitiven Plan; der Generalstabschef kritisiert und erneuert ihn. Man bringt ihn zum Feldmarschall, welcher ‚Ganz verfehlt!' ausruft und eine neue Redaktion vornimmt. Von dem alten Bericht bleibt fast nichts stehen. d'Harcourt erzählt dies als Beweis der Unmöglichkeit, betreffs des greifbarsten, am besten beobachteten Ereignisses die Wahrheit zu konstatieren.

[8] Dadurch erklärt es sich, wieso Theaterstücke, die alle Direktoren zurückwiesen, oft außerordentliche Erfolge bei der Aufführung erzielen. Der Erfolg des Coppeschen Stückes „Pour la couronne", welches zehn Jahre lang von den Direktoren der Theater ersten Ranges trotz des Namens des Autors abgelehnt worden war, ist bekannt. „Charleys Tante", ein von allen Theatern abgelehntes und auf Kosten eines Börsenmaklers aufgeführtes Stuck, hat in Frankreich zweihundert, in England über tausend Aufführungen erlebt. Ohne die oben gebotene Erklärung der Unmöglichkeit, daß die Theaterdirektoren sich gleichzeitig an die Stelle der Masse versetzen, wären solche Urteilsentgleisungen seitens kompetenter und an der Vermeidung so großer Fehler interessierter Individuen unbegreiflich. Es ist das ein

Thema, das ich hier nicht ausführen kann, das aber ein genaues Studium verdient.

[9] Da diese Lehre noch sehr neu und ohne sie die Geschichte völlig unbegreiflich ist, so habe ich ihrer Darlegung mehrere Kapitel meines Werkes „Die psychologischen Gesetze der Völkerentwicklung" gewidmet. Der Leser wird daraus ersehen, daß trotz täuschenden Scheines weder die Sprache, noch die Kunst, noch ein Kulturelement überhaupt von einem Volke zum anderen unverändert übergehen kann.

[10] Sehr klar ist in dieser Hinsicht der Bericht des alten Konventsmitgliedes Fourcroy, den Taine zitiert: „Alles, was man betreffs der Sonntagsfeier und des Kirchenbesuchs sieht, bezeugt, daß die Masse der Franzosen zu den alten Gebräuchen zurückkehren will, und es ist nicht mehr an der Zeit, diesem nationalen Hange sich zu widersetzen (...) Die große Masse der Menschen braucht eine Religion, einen Kultus, Priester. Es ist ein Irrtum moderner Philosophen, dem ich selbst verfallen bin, an die Möglichkeit einer Bildung zu glauben, die genug verbreitet ist, um die religiösen Vorurteile: zu zerstören; diese sind für die große Anzahl der Unglücklichen eine Quelle des Trostes (...) Man muß daher der Masse des Volkes ihre Priester, ihre Altäre und ihren Kultus lassen."

[11] Dies erkennen, selbst in den Vereinigten Staaten, die entschiedensten Republikaner. So schreibt die amerikanische Zeitung „Forum" nach dem Wortlaut, den ich der „Review of Reviews" vom Dezember 1894 entnehme: „Selbst

die glühendsten Feinde der Aristokratie dürfen nie vergessen, daß heute England das demokratischste Land der Erde ist, wo die Rechte der Individuen am meisten geachtet werden und wo die Individuen die meiste Freiheit besitzen."

[12] Wenn man die tiefgehenden religiösen und politischen Uneinigkeiten, welche die verschiedenen Gebiete Frankreichs trennen und die vor allem eine Rassenfrage sind, mit den separatistischen Tendenzen vergleicht, die in der Revolutionszeit auftraten und von neuem gegen das Ende des deutsch-französischen Krieges sich zeigten, so sieht man, daß die verschiedenen Rassen, die auf unserem Boden leben, noch weit von ihrer Verschmelzung miteinander entfernt sind. Die energische Zentralisation durch die Revolution und die Schöpfung künstlicher Departements, deren Zweck die Vermischung der alten Provinzen war, war gewiß ihr nützlichstes Werk. Könnte die Dezentralisation, von welcher heute die kurzsichtigen Geister so viel sprechen, bewerkstelligt werden, sie würde zu den blutigsten Kämpfen führen. Um dies zu verkennen, muß man unsere Geschichte völlig vergessen.

[13] Vgl. Psychologie du socialisme 3; Psychologie de l'éducation 5.

[14] Übrigens ist dies kein bloß den lateinischen Völkern eigenes Phänomen; es findet sich auch in China, einem in gleicher Weise von einer festen Hierarchie von Mandarinen geleiteten Lande, wo das Mandarinat wie bei uns auf dem Wege von Prüfungen erlangt wird, deren einziges Erfordernis das fehlerlose Aufsagen dicker Lehrbücher ist. Das

Heer beschäftigungsloser Graduierter gilt heute in China als wahres Nationalunglück. So verhält es sich auch in Indien, wo, seitdem die Engländer nicht wie in England zur Erziehung, sondern nur zum Unterrichte für die Eingeborenen Schulen begründet haben, eine besondere Klasse von Graduierten, die der Babus, sich gebildet hat, die, wenn sie kein Amt erhalten können, unversöhnliche Feinde der englischen Macht werden. Bei allen Babus, im Amte oder ohne Amt, war die erste Wirkung des Unterrichts eine außerordentliche Erniedrigung ihres Sittlichkeitsniveaus. Eine Tatsache, die ich in meinem Buche „Die Zivilisationen Indiens" genau erörtert habe und die gleichermaßen von allen Autoren, die die große Halbinsel besuchten, festgestellt wurde.

[15] Taine, „Le regime moderne" II, 1894. — Es sind dies ziemlich die letzten Seiten, die Taine geschrieben. Sie resümieren wunderbar die Ergebnisse der langen Erfahrung des großen Denkers. Leider halte ich sie für unsere Universitätsprofessoren, die niemals im Auslande gewesen, für absolut unverständlich. Die Erziehung ist das einzige Mittel, über das wir verfügen, um ein wenig die Seele eines Volkes zu beeinflussen, und der Gedanke ist sehr traurig, daß es fast niemanden in Frankreich gibt, der es zu begreifen vermag, daß unser gegenwärtiger Unterricht ein furchtbares Element rapider Entartung ist und daß er die Jugend erniedrigt und verdirbt, statt sie zu heben.

[16] In den „Psychologischen Gesetzen der Völkerentwicklung" habe ich diesen Unterschied, der das demokra-

tische Ideal der Romanen von dem der Angelsachsen scheidet, ausführlich behandelt.

[17] Die Anschauung der Massen bildete sich in diesem Falle durch jene großen Assoziationen unähnlicher Dinge, deren Mechanismus ich früher dargetan habe. Da damals unsere Nationalgarde aus friedlichen, jeder Disziplin ermangelnden Spießbürgern bestand und nicht ernstzunehmen war, erweckte alles, was einen ähnlichen Namen trug, dieselben Bilder und wurde folglich als ebenso harmlos aufgefaßt. Den Irrtum der Massen teilten damals, wie dies bei allgemeinen Anschauungen so oft der Fall ist, deren Führer. In einer am 31. Dezember 1867 in der Deputiertenkammer gehaltenen und von E. Olivier in einer neuen Schrift angeführten Rede betonte der Staatsmann Thiers, der der Massenanschauung oft gefolgt ist, sie aber niemals vorwegnahm, Preußen besitze außer einem dem unsrigen an Zahl fast gleichen aktiven Heer nur eine Nationalgarde, analog der unsrigen und demnach ohne Bedeutung — eine ebenso exakte Behauptung wie die Voraussicht desselben Staatsmannes betreffs der Zukunftslosigkeit der Eisenbahnen.

[18] Meine ersten Beobachtungen über die Kunst der Massenbeeinflussung und die schwachen Hilfsmittel, die von der Logik in dieser Beziehung geboten werden, gehen auf die Zeit der Pariser Belagerung zurück, zu dem Tage, an dem ich nach dem Louvre, dem damaligen Sitze der Regierung, den Marschall V. bringen sah, den eine wütende Volksmenge angeblich dabei ertappt hatte, wie er den Festungsplan entwendete, um ihn den Preußen zu verkaufen. Ein Regierungsmitglied, G. P., ein sehr berühmter

Redner, ging hinaus, um die Masse, welche die unverzügliche Hinrichtung des Gefangenen verlangte, anzureden. Ich erwartete, der Redner werde die Unsinnigkeit der Beschuldigung dartun, indem er sagen werde, der angeklagte Marschall sei einer der Konstrukteure der Festungen, deren Plan übrigens in allen Buchhandlungen zu haben war. Zu meiner großen Verblüffung — ich war damals recht jung — lautete die Rede ganz anders. Der Redner sagte nämlich, indem er sich dem Gefangenen näherte: „Dem Rechte wird in unerbittlicher Weise Genüge geschehen. Lasset die Regierung der nationalen Verteidigung eure Sache durchführen; einstweilen werden wir den Angeklagten einsperren." Durch diese augenscheinliche Genugtuung sogleich besänftigt, zerstreute sich die Menge, und der Marschall konnte nach Verlauf einer Viertelstunde seine Wohnung aufsuchen. Sicherlich wäre er niedergemacht worden, wenn der Redner der wütenden Menge die logischen Argumente vorgehalten hatte, die meine große Jugend sehr überzeugend fand.

[19] Der Mensch und die Gesellschaften, 1881, II, 116.

[20] Man findet diesen Einfluß der Titel, Ordensbänder, Uniformen auf die Massen in allen Ländern, selbst dort, wo das Gefühl persönlicher Unabhängigkeit die stärkste Entfaltung zeigt. Um dies zu beleuchten, zitiere ich hier eine interessante Stelle aus dem neuen Buche eines Reisenden, welche von dem Prestige gewisser Persönlichkeiten in England handelt:

„Bei verschiedenen Begegnungen hatte ich noch nicht den besonderen Rausch bemerkt, in den die vernünftigsten

Engländer durch den Anblick eines englischen Pairs versetzt werden."

„Vorausgesetzt, daß der von ihm gemachte Aufwand seinem Range entspricht, lieben sie ihn von vornherein und ertragen von ihm, wenn er anwesend ist, alles mit Entzücken. Man sieht sie bei seiner Annäherung vor Vergnügen erröten, und wenn er mit ihnen spricht, so erhöht die Freude, die sie empfinden, diese Röte und verleiht ihren Augen einen ungewöhnlichen Glanz. Sie haben, könnte man sagen, den Lord im Blute, wie der Spanier den Tanz, der Deutsche die Musik und der Franzose die Revolution. Ihre Leidenschaft für die Pferde und für Shakespeare ist weniger heftig, die Befriedigung und der Stolz darüber weniger tief. Das Pairsbuch hat einen großen Absatz, und man findet es, wie die Bibel, in den Händen aller."

[21] Seines Prestige durchaus bewußt, wußte Napoleon, daß er es noch vermehrte, indem er die großen Persönlichkeiten seiner Umgebung, zu denen mehrere jener berühmten Konventmitglieder, die Europa so sehr gefürchtet hatte, zählten, noch etwas schlechter als Stallknechte behandelte. Die zeitgenössischen Berichte sind voll von diesbezüglichen charakteristischen Begebenheiten. Eines Tages fuhr Napoleon im Staatsrate Beugnot, den er wie einen ungeschickten Diener behandelt, grob an: „Nun, Sie Dummkopf, haben Sie Ihren Kopf wiedergefunden?" Darauf beugt sich der wie ein Regimentstambour gewachsene Beugnot tief, und der kleine nimmt den großen Mann beim Ohr, wie Beugnot schreibt, „ein Zeichen berauschender Gunst, eine trauliche Gebärde des leutselig redenden Herrn". Solche Beispiele geben einen klaren Begriff von dem Grade niedriger Plattheit, den ein

Prestige hervorrufen kann; sie machen die ungeheure Verachtung des großen Despoten gegenüber den Menschen seiner Umgebung, die er als bloßes „Kanonenfutter" behandelte, begreiflich.

[22] Ein ausländisches Blatt, die Wiener „Neue Freie Presse", hat gelegentlich des Schicksals Lesseps' sehr scharfsinnige psychologische Bemerkungen gemacht, die ich hier anführe:

„Nach der Verurteilung Ferdinand von Lesseps' hat man kein Recht mehr, sich über das traurige Ende von Christoph Columbus zu verwundern. Ist Lesseps ein Gauner, dann ist jede edle Illusion ein Verbrechen. Das Altertum hatte das Andenken Lesseps' mit einer Ruhmesaureole bekränzt und hatte ihn im Olymp den Nektarbecher leeren lassen, denn er hat das Antlitz der Erde verändert und Werke ausgeführt, die die Schöpfung vervollkommnen. Durch die Verurteilung Lesseps' hat sich der Präsident des Appellationsgerichtshofes unsterblich gemacht, denn stets werden die Völker den Namen des Mannes verlangen, der nicht fürchtete, sein Jahrhundert zu erniedrigen, einen Greis mit der Sträflingsjacke zu bekleiden, dessen Leben der Ruhm seiner Zeitgenossen war."

„Man rede uns hinfort nicht von unbeugsamer Gerechtigkeit, dort, wo der bürokratische Haß gegen alle kühnen großen Unternehmungen herrscht. Die Völker bedürfen der wagemutigen Männer, die an sich selbst glauben und ohne Rücksicht auf ihr eigenes Ich alle Hindernisse bewältigen. Das Genie kann nicht vorsichtig sein, mit Vorsicht könnte es den Kreis menschlicher Betätigung niemals erweitern."

„(...) Ferdinand von Lesseps hat den Rausch des Triumphs und die Bitterkeit der Enttäuschungen gekannt: Suez und Panama. Hier empört sich das Gemüt wider die Erfolgsmoral. Als es Lesseps gelang, zwei Meere zu verbinden, da erwiesen ihm Fürsten und Völker Ehre; heute, da er an den Felsen der Cordilleren Schiffbruch erleidet, ist er ein gemeiner Gauner (...) Das ist ein Krieg der Gesellschaftsklassen, eine Unzufriedenheit der Bürokraten und Beamten, die sich mittels des Strafgesetzbuches an jenen rächen, die sich über die anderen erheben möchten (...) Die modernen Gesetzgeber sind in Verlegenheit angesichts dieser gewaltigen Ideen des Menschengeistes, das Publikum versteht davon noch weniger, und es fällt einem Staatsanwalt leicht, zu beweisen, daß Stanley ein Mörder und Lesseps ein Betrüger sei."

[23] Barbarisch im philosophischen Sinne, wohlverstanden. In der Praxis haben sie eine ganz neue Kultur begründet und 15 Jahrhunderte lang dem Menschen jene Traumes- und Hoffnungsparadiese sehen lassen, die er nicht mehr kennen wird.

[24] In dieser Beziehung sind gewisse Seiten aus den Büchern unserer Professoren recht interessant; sie zeigen, wie wenig der kritische Geist durch unsere Universitätsbildung entwickelt wird. Ich zitiere beispielshalber folgende Zeilen aus der „französischen Revolution" eines ehemaligen Geschichtsprofessors an der Sorbonne, der Unterrichtsminister gewesen ist:

„Die Einnahme der Bastille war ein Hauptereignis in der Geschichte nicht bloß Frankreichs, sondern Europas überhaupt, sie leitete eine neue Epoche der Weltgeschichte ein."

Betreffs Robespierres erfahren wir staunend, „seine Diktatur erstreckte sich besonders auf die Anschauung, Überzeugung, sittliche Autorität, sie war eine Art Pontifikat in der Hand eines tugendhaften Mannes" (S. 91, 220)!

[25] Es sei nebenbei bemerkt, daß diese von den Geschworenen mit gutem Instinkte gemachte Unterscheidung zwischen den gesellschaftsfeindlichen und nicht gesellschaftsfeindlichen Verbrechen der Richtigkeit keineswegs entbehrt. Das Ziel der Strafgesetze soll doch offenbar der Schutz der Gesellschaft gegen gefährliche Verbrecher, nicht aber Rache sein. Nun sind jedoch unsere Strafgesetzbücher und besonders unsere Richter von dem Rachegeist des alten Unrechts völlig erfüllt, und der Ausdruck „Ahndung" (*vindicta*) wird noch täglich gebraucht.

Diese Tendenz der Richter wird durch die Weigerung vieler von ihnen bezeugt, das treffliche Gesetz Berenger, welches dem Verurteilten die Strafe bis zu einer Rückfälligkeit erläßt, anzuwenden. Und doch muß jeder Richter wissen — die Statistik beweist es ja —, daß die erste Bestrafung fast unfehlbar die Rückfälligkeit bedingt. Sprechen die Richter einen Schuldigen frei, so glauben sie stets, die Gesellschaft sei ungerächt geblieben. Bevor sie dies zulassen, wollen sie lieber einen gefährlichen Rückfälligen schaffen.

[26] Das Richteramt ist in der Tat der einzige Verwaltungszweig, dessen Maßnahmen ohne jede Kontrolle sind. Ungeachtet aller seiner Revolutionen besitzt das demokratische Frankreich nicht jenes Habeas corpus-Recht, auf

das England so stolz ist. Wir haben alle Tyrannen verjagt, in jeder Stadt aber haben wir eine Obrigkeit, die nach Belieben über Ehre und Freiheit der Bürger verfügt. Ein unbedeutender Untersuchungsrichter, der die Rechtsschule kaum verlassen, hat die empörende Macht, für die er niemandem Rechenschaft schuldig ist, die geachtetsten Bürger, gegen die er einen Schuldverdacht hegt, ins Gefängnis zu schicken. Er kann sie sechs Monate, ja ein Jahr unter dem Vorwande der Untersuchung dort behalten und sie dann ohne Entschädigung oder Entschuldigung entlassen. Der Vorladungsbefehl ist dem „lettre du cachet" durchaus analog, nur mit dem Unterschied, daß der letztere, der mit Recht der alten Monarchie so zum Vorwurf gemacht wurde, nur sehr bedeutenden Persönlichkeiten zur Verfügung stand, wahrend er sich heute in den Händen einer ganzen Bürgerklasse befindet, die weit entfernt ist, als die aufgeklärteste und unabhängigste zu gelten.

[27] Die Komitees, mögen sie nun Klubs, Syndikate oder wie immer heißen, stellen vielleicht die ernsteste Gefahr der Massengewalt dar. Sie bedeuten in der Tat die unpersönlichste und daher drückendste Form der Tyrannei. Die Leiter der Komitees, welche im Namen einer Gesamtheit zu sprechen und zu handeln scheinen, sind aller Verantwortlichkeit enthoben und dürfen sich alles erlauben. Der grausamste Tyrann hätte niemals die von den Revolutionsausschüssen angeordneten Proskriptionen auch nur zu träumen gewagt. Sie hatten, sagt Barras, den Konvent dezimiert und regelrecht zugeschnitten. Solange er in ihrem Namen sprechen konnte, war Robespierre absoluter Herr. An dem Tage, wo der schreckliche Diktator sich von ihnen

selbstsüchtig trennte, war er verloren. Herrschaft der Massen heißt Herrschaft des Komitees, d. h. der Leiter. Man kann sich keinen härteren Despotismus vorstellen.

[28] Eben auf diese im voraus durch Wählerbedürfnisse gefestigten und unverrückbaren Ansichten bezieht sich sicherlich folgende Bemerkung eines alten englischen Parlamentariers: „In den 50 Jahren meiner Anwesenheit in Westminster habe ich tausende Reden angehört, und nur wenige haben meine Ansicht verändert; aber nicht eine einzige hat auf meine Abstimmung Einfluß gehabt."

[29] Die Zeitschrift „L'Economiste" gab in ihrer Nummer vom 6. April 1895 eine interessante Überschau über die Jahreskosten dieser Ausgaben von reinem Wählerinteresse, besonders der für Eisenbahnen. Zur Verbindung von Langayes (Stadt mit 3000 Einwohnern), das auf einem Berge liegt, mit Puy, Bewilligung einer Bahn, die 15 Millionen kosten wird. Zur Verbindung von Beaumont (3500 Einwohner) mit Castel-Sarrazin 7 Millionen. Zur Verbindung von Oust (523 Einwohner) mit dem Dorfe Seix (1200 Einwohner) 7 Millionen. Verbindung von Prades mit dem Marktflecken Olette (747 Einwohner) 6 Millionen usw. Für das Jahr 1895 allein sind 90 Millionen Eisenbahnschienen, für die kein allgemeines Interesse besteht, bewilligt worden. Ebenso bedeutend sind die anderen Ausgaben, die ebenfalls Wählerbedürfnissen entspringen. Das Gesetz betreffs der Arbeiterpensionen wird dem Finanzminister zufolge bald ein Jahresminimum von 165 Millionen, nach Leroy-Beaulieu von 800 Millionen kosten. Es liegt auf der Hand, daß die stetige Zunahme solcher Ausgaben notwendig zum Bankrott

führt. Viele Staaten Europas: Portugal, Griechenland, Spanien, die Türkei sind bei ihm angelangt, andere werden es bald sein. Aber man braucht sich nicht zu viel darum zu kümmern, da das Publikum ohne viel Widerspruch allmählich Reduktionen von 4/5 der Couponzahlungen seitens verschiedener Länder angenommen hat. Diese sinnreichen Bankrotte gestatten also die schnelle Wiederherstellung der geschädigten Budgets. Die Kriege, der Sozialismus, die wirtschaftlichen Kämpfe bereiten uns übrigens noch viele andere Katastrophen, und man muß sich in unserer Epoche allgemeinen Zerfalls damit begnügen, dahinzuleben, ohne zu sehr an das nicht in unserer Gewalt liegende Morgen zu denken.